华杉讲透
大学中庸

华杉 著

上海文艺出版社

图书在版编目（CIP）数据

华杉讲透《大学中庸》/ 华杉著.— 上海：上海文艺出版社，2019.1
ISBN 978-7-5321-6905-4

Ⅰ.①华… Ⅱ.①华… Ⅲ.①儒家②《大学》- 研究③《中庸》- 研究 Ⅳ.① B222.15

中国版本图书馆CIP数据核字(2018)第 236012 号

责任编辑：毛静彦
特约编辑：周喆　汪超毅　赵芳葳
封面设计：杨贵妮
封面插画：莫晓娟

华杉讲透《大学中庸》
华杉　著
上海文艺出版社出版、发行
地址：上海市闵行区号景路159弄A座2楼
电子信箱：cslcm@publicl.sta.net.cn
新华书店经销　三河市龙大印装有限公司印刷
开本 710毫米×1000毫米　1/16　16.5印张　字数 196千字
2019年1月第1版　2024年11月第14次印刷
ISBN 978-7-5321-6905-4/B.0056
定价：46.90元

如有印刷、装订质量问题，
请致电010-87681002（免费更换，邮寄到付）

自　序

关于四书的阅读顺序，朱熹说："先读《大学》，以定其规模；次读《论语》，以定其根本；次读《孟子》，以观其发越；次读《中庸》，以求古人之微妙处。"

《大学》里说："知所先后，则近道矣。"先后次序很重要。多数人往往只是读过《论语》，《大学》和《孟子》没有认真读过，《中庸》则很难读懂，根本没碰过，这样的学习就不完整了。我们一定是依次研读下来，最后把四本书读成一本，学以润身，浑然一体，这样的话，举手投足便能知行合一，得其所，也得其乐，也就是"知之者不如好之者，好之者不如乐之者"的乐。

为什么说读《大学》是定规模呢？因为《大学》是儒学的大门，是开"纲目"的——"三纲八目"，就是三纲领、八条目。通过学习《大学》，才能知道儒家修养的框架和结构，后面的学习才有个归拢处。不读《大学》，就没打过基础，缺了课，后面的课也一定听不懂，而且你还不知道自己没听懂，还以为自己懂了。

《论语》是根本，也是主干，毕竟那都是至圣先师孔子的思想。《孟子》呢，朱熹用的"发越"二字极妙，因为他既有生发，也有超越。孟子和孔子不一样，他比孔子走得更远，特别是他提出的良知良能，在1800年后启发了另一个人——王阳明。王阳明的"致良知"之学，正是《孟子》的发越。

到了《中庸》，就是微妙处了，妙不可言，达到了天、地、人三合一的最高境界。这境界怎么体会呢？你要去读读看，再在自己的日用常行中磨练，逐渐知行合一。

学而时习之，不亦说乎！学习不是为了晓得些知识，而是一种行动反射，博学、慎思、审问、明辨、笃行，学习最终应该落实到笃行，成为那样的人，才算是学到了。

曾国藩说，读书能改变人的性情，甚至能改变人的骨相。希望我这一套"讲透四书"，就能起到这样的作用，修身养性，就在读书。

华杉

2019年1月2日于上海

目 录

大 学 / 1

学习是一种行动反射 / 3

《大学》第一学案：亲民还是新民 / 6

止于至善，就是没有私心 / 11

止定静安虑得，关键在立志 / 14

知行合一的三个层次 / 17

儒家思想的社会学原理 / 19

诚意正心 / 22

爱有等差 / 23

保持紧张 / 27

君子无所不用其极 / 28

知止的价值观 / 29

道学先生 / 31

中国历史最重要的朝代 / 33

孔子、曾子、子路、王阳明审案比较 / 34

《大学》第二学案，格物致知 / 38

好德与好色 / 41

慎独的企业文化 / 43

诚中形外 / 47

恐惧论 / 48

爱屋及乌是病 / 50

父母心 / 52

一人定国 / 55

清洗词语 / 58

絜矩之道 / 61

上下级之道 / 64

刘邦和项羽的钱财观 / 65

人间国宝 / 72

嫉贤妒能是公司最大的恶 / 74

敢于得罪人，才是君子 / 78

用人黜人，都要快 / 80

好恶之道 / 82

忠，是发自内心尽心尽力 / 84

亚当·斯密羡慕中国什么 / 85

生财之道 / 87

发财与发身 / 88

利害利害，利就是害，君子以利为害 / 91

中 庸 / 95

率性而为，就是循规蹈矩 / 97

不拘小节者，难有大节 / 99

性情之德 / 101

修养的海因里希法则 / 103

喝心灵鸡汤的三个层次 / 106

胜心是学问修养的大敌 / 108

"知行合一"的两个标准 / 111

"义袭而取"和"集义而生"的区别 / 113

君子之强的四条标准 / 115

正确看待追新逐异 / 118

能不能坚持，关键在有没有志向 / 121

门槛低，道行深 / 122

道不远人，保持简单 / 125

忠恕之道 / 126

言行相顾的两个体会 / 128

羡慕别人，是大毛病 / 131

非竞争论 / 133

从小事做起 / 136

做个实诚人 / 137

中庸之道的马太效应 / 139

五千年第一家族 / 142

家业、家风、家学 / 144

礼的智慧 / 147

礼乐治国 / 150

人存政举 / 151

区别对待，而不是一视同仁 / 153

知耻近乎勇 / 155

修身两条道：慎独与择友 / 161

对高、中、基层不同的人力资源政策 / 164

做个实诚人 / 166

学习学五条，少一条就不是真学习 / 170

诚是最大领导力 / 175

至诚如神 / 178

不诚无物 / 181

至诚无息的工作原理 / 183

诚的两个标准 / 187

修德凝道五句话 / 189

处世之道四原则 / 193

守本分 / 196

企业词典和企业文化半径 / 198

王莽与周公 / 201

道统和事业理论 / 206

圣人的五条标准 / 208

至诚的生态系统 / 211

名气的价值观 / 213

后　记　五个儒家论 / 220

大　学

学习是一种行动反射

原文

大学之道，在明明德，在亲民，在止于至善。

华杉详解

《大学》一开篇是"三纲八目"——三个纲领，八个条目。这句话讲的是"三纲"，就是明明德、亲民、止于至善；而"八目"是格物、致知、诚意、正心、修身、齐家、治国、平天下。我们先来讲"三纲"的第一纲"明明德"。

"明明德"的前一个"明"是动词。朱熹说："明之也。"就是擦亮、使之复归明亮的意思。"明德"的意思是，那德本来就是光明明亮的。朱熹说，明德，是人天生的灵性，是"具众理而应万事者"。所有的道理你都知道，所有的事你都会处理，但是后来怎么就不会了呢？一是为气禀所拘，二是为人欲所蔽。

气禀，是儒家的一个说法，人的贤愚贵贱，是被出生时所秉受的气影响的，否则为什么有的人那么聪明，有的人那么笨呢？王充说："人禀气而生，含气而长，得贵则贵，得贱则贱。"程颐说："才禀于气。气有清浊，禀其清者为贤，禀其浊者为愚。"朱熹说："禀气之清者，为圣为贤。禀气之浊者，为愚为不肖。"总之，人跟人不一样，虽然天性一样，但是天分不一样，有人分到贤，有人分到愚，有人分到贵，有人分到贱，有人分得多，有人分得少。"为气禀所拘"，就是受自己的天分限制。

为人欲所蔽呢，就是利令智昏。一件事，本来知道该怎么处理，但是存了私心，就跑偏了，就处理错了。

所以要明明德，朱熹说："学者当因其所发而遂明之。"就是叫同学们要时刻擦亮自己。这里"因其所发"的"发"字大有讲究。发，就是其发端处，就是孟子的四端论：

> 恻隐之心，仁之端也；羞恶之心，义之端也；辞让之心，礼之端也；是非之心，智之端也。人之有是四端也，犹其有四体也。有是四端而自谓不能者，自贼者也。

人都有恻隐之心、羞耻之心、辞让之心、是非之心，一个人再怎么不济，也总有那么一点。你抓住那一点，把它不断扩充放大，就能逐渐获得仁的全体。不管到什么程度，都不要自暴自弃，说自己做不到，有四端而说自己做不到的，那就是自甘堕落为贼了。

读到这里，我们是不是觉得，《大学》的"明明德"，就是王阳明的"致良知"？孟子就讲过"良知良能"，良知是生而知之的，是你生下来本来就知道的；良能是不学而能的，是你不用学本来就会的。这就是朱熹讲的"具众理而应万事者"。明明德、致良知，就是要不断擦亮自己的良知良能。张居正说："譬如镜子昏了，磨得还明一般，这才是有本之学。""有本之学"这四个字太好了！**我们的学习之本，就是我们自己！不假外求，这是何等简易洒脱！学会向自己学习吧！**

讲到明明德，我还想起禅宗的一段公案——六祖慧能的故事。

师父要传他的衣钵，让大家写一个偈子看看各位徒弟的智慧高低。神秀先写道：

> 身是菩提树，心如明镜台。
> 时时勤拂拭，勿使惹尘埃。

慧能听了，也写了一首：

> 菩提本无树，明镜亦非台。
> 本来无一物，何处惹尘埃？

然后师父就把衣钵传给了慧能。

大家看了这个故事，是不是都觉得慧能更高明？

但是我觉不出来。因为读书是"切己体察，事上琢磨，知行合一"，谁高谁低跟我没关系，关键是我准备怎么去做。读了慧能老师的偈子，我不知道要做什么，无法行动。但读了神秀老师的，我就感悟到明明德、致良知，就是时刻找那良知善念的发端处，把它抓住，把它放大，不断地擦亮自己。

学习不是学些知识，而是知行合一，是一种行动反射。

明明德，你准备怎么行动呢？

《大学》第一学案：亲民还是新民

华杉详解

我们继续讲解这句话：

> 大学之道，在明明德，在亲民，在止于至善。

接下来说"三纲"的第二纲"在亲民"。

程颐注解说，亲，当作新；亲民，实为新民。而朱熹说，新，就是革新其旧。我自己"明明德"了，就应该推己及人，让别人也能去其自染之污。

明明德就是自新，自新之后呢，就要带动别人，带动全国人民自新，这就是修齐治平的逻辑了。修身，是明明德，日日自新；齐家，是新一家人；治国，是新一国之人；平天下，是新全天下之人。

有一份报纸叫《新民晚报》，当初就是取《诗经·大雅》中的"作育新民"之意。这也是同一个意思，总之就是开启民智，涵养民德，新其民风，建设善良和谐的社会。

不过，到了明朝，有一个人不同意程颐、朱熹"篡改"的《大学》，他说，亲民就是亲民，你怎么一句话"亲，当作新"，就说是"新民"呢？这个人，就是王阳明。

这是《大学》一开篇的第一大学案，我们要详细讲解一下《传习录》中的记载：

> 爱问："'在亲民'，朱子谓当作'新民'，后章'作新民'之文似亦有据，先生以为宜从旧本作'亲民'，亦有所据否？"

徐爱问："'在亲民'，朱熹说应该是'新民'，而不是'亲民'。后文中也有'作新民'相呼应，似乎很有依据。现在先生认为朱熹错了，应该以旧本为准，写作'亲民'，先生也有依据吗？"

旧本孔颖达注："在亲民者，言大学之道在于亲爱于民。"这意思本来简单明白。但是程颐说"亲"字错了，应该是"新"，朱熹也说应该是"新民"。

朱熹说旧本错了，有什么依据呢？至少，没有考古学证据。并不是哪里出土了竹简，上面写的"在新民"，而是他自己"认为"旧本错了，就改了原文，从治学来讲，这是注家的大忌。至于"亲"是不是"新"的通假字，好像也没听说过，这个问题留给语言学家去研究吧。

徐爱也在《大学章句》中找到朱熹改为"新民"的理由。《大学》的第二章引用了商汤在洗澡盆上刻的字："苟日新，日日新，又日新。"这是日日自新的座右铭。又引用了《周书·康诰》，就是周成王任命康叔治理殷商旧地民众的命令："作新民。"朱熹注："鼓之舞之谓之作，言振起其自新之民也。"还有《诗经》："周虽旧邦，其命惟新。"朱熹注："能新其德以及于民。"

朱熹说，这《大学》的第二章，就是解释前面的"新民"。这样从逻辑上就能自圆其说了。我基本信服朱熹的逻辑。

下面是王阳明对徐爱的回答：

> 先生曰："'作新民'之'新'，是自新之民，与'在新民'之'新'不同，此岂足为据？'作'字却与'亲'

字相对，然非'亲'字义。下面'治国平天下'处，皆于'新'字无发明。如云'君子贤其贤而亲其亲，小人乐其乐而利其利''如保赤子''民之所好好之，民之所恶恶之，此之谓民之父母'之类，皆是'亲'字意。'亲民'犹如《孟子》'亲亲仁民'之谓，'亲之'即'仁之'也。'百姓不亲'，舜使契为司徒，'敬敷五教'，所以亲之也。《尧典》'克明峻德'便是'明明德'，'以亲九族'至'平章''协和'便是'亲民'，便是'明明德于天下'。又如孔子言'修己以安百姓'，'修己'便是'明明德'，'安百姓'便是'亲民'。说'亲民'便是兼教养意，说'新民'便觉偏了。"

王阳明回答说："《康诰》里的'作新民'，是要殷商旧地的民众振作起来，做个自新之民，做周朝的新人民。朱熹老师说的'在新民'，不是要人民自新，而是自己去使人民新，这两个'新'，含义是不同的，怎么能作为凭据呢？"

我们来仔细探讨一下《康诰》的"新民"是什么意思，先看看《康诰》的历史背景。康叔是文王第九子、周公的弟弟、周成王的叔叔。周灭商之后，商国人发动了叛乱，周公平叛后，就将康叔封在殷商故地，建立了卫国。康叔就是卫国第一任君主。在他就国赴任之前，周公起草了《康诰》，作为给他的政治指导。"作新民"这一句是这样的：

> 已！汝惟小子，乃服惟弘王应保殷民，亦惟助王宅天命，作新民。

意思是：好了，你还很年轻，应该弘扬周王的期望，保护殷商旧民，也算是帮助周王顺应天命，让人民振作起来，"作新民"。

看起来，这里的"作新民"，不论是让那些曾经反叛的人民振作自新，做一代新人，还是让康叔去振作他们，以自己的明明德去新他们，其实都可以说得通。

这段公案，我觉得可以用王阳明在另一个场合对弟子的教导来解决：有弟子引用了一些先贤大德所说的、对同一事物的不同定义和意见，问他谁对谁错。王阳明回答说："你还管人家圣人的对错？**圣人说话，各有不同角度，你就切己体察，放自己身上、行动上践行便是。**"

王阳明接着说："'作'字虽与'亲'字相对，然非'亲'字义。"

"作新民"这一句，和前面的"在亲民"没关系，是两码事，不能因为后面有"作新民"，就说前面应该是"在新民"。而"在亲民"的下文"治国平天下"等，和"新民"也没关系，怎么能改成"新"呢？

我觉得呢，也不能说没关系，格物、致知、诚意、正心、修身就是自新，齐家、治国、平天下就是新民，关系也可以说很大。只能说是角度不同吧！

王阳明接着引经据典讲"亲民"的依据：

"君子贤其贤而亲其亲，小人乐其乐而利其利。"这是亲。

这一句，也是《大学》的内容，君子尊敬贤德的人，亲爱自己的亲人。君子亲爱自己的亲人，风行草偃，老百姓也会跟着亲爱自己的亲人，这样天下就亲爱和睦了。

"如保赤子。"这一句也是《康诰》里的，是说要像爱护婴儿一样爱护人民，这是亲。

"民之所好好之，民之所恶恶之，此之谓民之父母。"这句也是《大学》里的，人民喜欢的我就喜欢，人民厌恶的我就厌恶，这就是民之父母。就像我们现在讲的"人民高兴不高兴，人民答应不答应"，这些都是"亲"字的意思。

"亲民"，就犹如《孟子》说的"亲亲仁民"，亲爱自己的亲人，然后由近及远，就能对人民仁爱，"亲之"就是"仁之"。

这一句有点区别，对自己家人叫"亲"，对天下百姓叫"仁"，对自己家人亲的，才能对天下人民仁，如果一个人跟自己家人都不亲，他就不可能对别人仁。所以王阳明引用孟子的"亲亲仁民"来作论据，有点不搭，因为"亲亲仁民"所体现的，正是儒家爱有等差的价值观，对亲人是亲，对人民是仁，亲比仁要高一等，两者是不一样的。"亲亲"，就不可能"亲民"，必须降一等，变成"仁民"。如果你说亲和民都相等，没区别，那就是墨家的"兼爱"思想了，那是儒家反对的。"亲亲仁民"这里的"亲"，语境不一样。

上面王阳明引用那一句"君子贤其贤而亲其亲"，大家要注意，"君子"在儒家语境里有两层含义，一层是我们现在通常理解的道德含义，有德之君子；另一层是指上层领导者、统治者，实际上大多数情况下主要是后一层含义。同样，"小人"也是两层含义，一层是道德上的小人，一层是被统治的普通老百姓。所以儒家很大程度上讲的是领导力。"君子贤其贤而亲其亲"，这里的"君子"就是统治者，统治者对贤能的人要尊德礼贤，要任用；对自己的亲属要亲，就是这个意思。所以王阳明以这个为论据的话，恰恰说明了是"新民"，而不是"亲民"。亲是亲人之间的话，而民够不上亲，不是一家人，不说一家话。

"百姓不亲"，舜使契为司徒，"敬敷五教"，所以亲之也。

当时世风败坏，"百姓不亲，五品不逊"，老百姓家里都不亲睦。舜就任命契为司徒，主管教育，恭敬地推行五种伦理规范——君臣、父子、兄弟、夫妇、朋友，这是让百姓相互能亲。

所以这里的"百姓不亲"，不是指"亲民"，而是说百姓自己家里亲人之间相互亲不亲。

《尧典》里的"克明峻德"，就是'明明德'，从"以亲九族"，到

"平章""协和",便是"亲民",便是"明明德于天下"。

《尧典》:"克明俊德,以亲九族。九族既睦,平章百姓。百姓昭明,协和万邦。"这里的"百姓"不是老百姓,而是百官族姓。"平章","平"是分辨,"章"是彰明。尧能发扬才智美德,使家族亲密和睦。家族和睦以后,又辨明百官的善恶。百官的善恶辨明了,又使各诸部落协调和顺,天下从此也就友好和睦了。

亲九族,还是跟自己的亲属亲,然后对天下人民仁。

又如孔子说的"修己以安百姓","修己"便是"明明德","安百姓"便是"亲民"。"亲民"本身就包含有教养、教化的意思,改成"新民",反而把范围缩小了,跑偏了。

不过,读了王阳明的解释,我更信服"新民"的解读了。至于到底是"新民"还是"亲民",读者可以自己切己体察,事上琢磨。

王阳明说过:圣人讲话,都是因病发药,所以不同场合对不同人说的话都不一样,你不要拿来比对。你不是那个病,就不要吃那个药。

那我们就对自己的症,下自己的药吧!

止于至善,就是没有私心

华杉详解

我们继续讲解这句非常重要的话:

大学之道,在明明德,在亲民,在止于至善。

我们来说说"三纲"的最后一纲"止于至善"。

朱熹说，止，就是到这儿就不走了。张居正说得很形象，他说这就好像到家了一样，到家了，你还往前走吗？不走了，就在这儿住下了。

居仁行义，首先要居于仁。**仁就是家，就是至善，是事理当然之极。**就是说，你明明德、新民，要到什么程度呢？朱熹说："就到那至善之地而不迁，盖必有以尽夫天理之极，而无一毫人欲之私也。"这就是"存天理、灭人欲"。尽天理到了极致，恰到好处，而人欲呢，完全没有！

怎么体会这种境界呢？其实很容易！

"存天理、灭人欲"，就是"止于至善"。那什么是"存天理、灭人欲"呢？朱熹说，吃饭就是天理，美食就是人欲。我又把这个观点修正了一下，美食也是天理，但吃多了就是人欲。朱熹老师平时也喜欢喝点小酒，那我们再修正一下，**美食美酒都是天理，但暴饮暴食，吃胖了，吃出糖尿病，吃出三高，喝醉了，喝吐了，喝伤了，这就是人欲**。这样，你就每顿饭都可以修炼一下"存天理、灭人欲"，修炼一下"止于至善"了。前面讲了，修炼要抓住发端处扩充放大，这每顿饭的止于至善，就是一个发端处，**你抓住这个发端处，把它扩充放大到你的每一件事情上面，就是止于至善了**。所以说儒家之学，就是日用常行。就像修行禅宗要挑水砍柴，是一个道理。

我们把这个道理扩充放大到实际的工作中：为客户做好服务，这是天理；希望客户明年还能和我续合同，这就是人欲。存天理、灭人欲，就是完全不考虑他明年给不给我续合同，一切只按怎么把事儿做好为标准。这样，就不会为了续约而迎合客户，而实际却做了伤害客户利益的事。这也符合《孙子兵法》说的将品："进不求名，退不避罪，唯人是保，而利合于主，国之宝也。"不要为了求名而去改掉人家本来有价值，但不是你做的东西，也不怕因为没听客户的意见而得罪他，造成不能续约。一切只为了客户的事业成功，只为了客户的利益。这就是止于至善。

我们说四书是从《大学》入门，到《中庸》毕业。从《大学》到《中庸》，其实也就是反复学"止于至善"这四个字。或者说，"四书"其实就是一本书，就是反复学一样的东西。

止于至善，就是中庸。

那什么是中庸呢？很多人看到一个"庸"字就会产生误解，会想到平庸，以为"中庸"就是差不多就行，所以喊出了"拒绝中庸"的口号。

程颐说："不偏之谓中，不易之谓庸。中者，天下之正道；庸者，天下之定理。"**中，是不左不右，不偏不倚，是恰到好处地走在正中间；庸，是永恒不变的定理。所以中庸就是绝对正确，极致完美，恰到好处，无过不及。**

还是以吃饭为例。假如吃七分饱是绝对正确，那中庸就不是6.99分饱，也不是7.01分饱，而是正好七分饱，丝毫不差，恰到好处，止于至善。

从民众的贫富差距来说，国家税收多了，贫富差距太小，福利太好，能干的人创造财富的积极性就没了，国家养懒人，迟早要出问题；税收少了，贫富差距太大，又会危及社会的公平和安定。而中庸之道呢，就是找到这恰到好处的正中间，找到全民幸福的最大公约数。到了这儿，就止于至善了，多收一分则太多，少收一分则太少，极致完美。

但是这能做得到吗？孔子说："中庸不可能也！"那是不可能的。

既然不可能，那说它做什么呢？因为这是一个标准，你知道了这个标准，才能照这个标准去做，随时检查自己。

这里的不可能，就像高等数学微积分的极限值，你不可能达到，但可以无限趋近。

再讲讲这个"无一毫人欲之私"，就是完全没有私心。

人怎么能没有私心呢？没有私心怎么能做到呢？

你有私心又怎样？有私心，这世界就能满足你的私欲吗？

地球并不围着你转。人谋之上，还有天谋，你要合乎天谋，才能进步，如果你私心太重，就看不见天谋，干不成事。

人不仅要没有私心,还要更进一步——无我。放下了自我,打开了自我,才能连接他人,连通世界,连通宇宙,这就是化育天地、厚德载物的境界,这是我们讲到《中庸》时要学的。

心底无私天地宽,你的私越少,天地就越宽。

止于至善,主要就是没有私心。

止定静安虑得,关键在立志

原文

知止而后有定,定而后能静,静而后能安,安而后能虑,虑而后能得。

华杉详解

人要想"得",就要记住这"止定静安虑得"。

朱熹和张居正讲解说,止,就是止于至善。知道了止于至善,就能定。

定,是志有定向。人如果知道了那当止的去处,就志有定向,无所疑惑。

静,是静心,心不妄动。所要去的地方定了,心里有个主张,就不往两边张望了,不乱动了,所以说"定而后能静"。

安,是安稳,心里既然不乱动,自然随遇而安,就像儒家说的素位而行,在什么位置就做什么事,把当下的事做好。

虑,是虑事精详,处事精确。心里既然安闲,等遇到什么事,便能仔细思量,不忙不错,所以说"安而后能虑"。做错事通常都是因为忙中出错,慌不择路。只要能静、能安、能虑,就不会出错。

得，是得其所止，得其所哉。前面说了，止是止于至善，是你要去的地方。那么得，就是你抵达目的地了。得，不是得位、得财，求仁得仁也是得。

这一段我们可以对照孔子著名的一段话来学习：

> 子曰："吾十有五而志于学，三十而立，四十而不惑，五十而知天命，六十而耳顺，七十而从心所欲不逾矩。"

大家记这段话，往往都从"三十而立"开始记起，把前面的"吾十有五而志于学"搞丢了，所以意思就搞偏了。偏在哪儿呢？就偏在三十而立的立。这个"立"字，朱熹注解说："有以自立，则守之固而无所事志矣。"

程颐讲解说："孔子生而知之也，言亦由学而至，所以勉进后人也。立，能自立于斯道也。不惑，则无所疑矣。知天命，穷理尽性也。耳顺，所闻皆通也。从心所欲不逾矩，则不勉而中矣。"

张居正说："到三十的时节，学既有得，自家把捉得定，世间外物都动摇我不得，盖守之固，而无所事志矣。"

我们一般理解和引用的"三十而立"，都是指经济上的自立，意思是，到了三十岁，你不能再靠父母了，不能再啃老了，经济上要自立了。

不过，《论语》中的"三十而立"，却是指立志，是志有定向，立住了，站稳了。"三十而立"的"立"，就是"止定静安虑得"的"定"，就是志向立稳了，定了。孔子十五岁开始有志于学习，学了十五年，到三十岁，就把一生的志向确定了。

按照儒家的学习观，为学第一是立志。孔子这段话讲的就是"学习学"。

那么四十而不惑呢？是因为心静了。前面张居正讲"静"，说要去的地方定了，心里有个主张，就不会往两边张望，不会乱动了。不乱动了，就不惑了嘛。六十而耳顺，就有"安"的意思，安之若素，什么事都影响不了我的心。七十而从心所欲不逾矩，那是得其所哉，得其所止。

对照"止定静安虑得"和"十有五而志于学，三十而立，四十而不惑，五十而知天命，六十而耳顺，七十而从心所欲不逾矩"，体会就深了。

"止定静安虑得"的重心在哪儿呢？不知止，是我们常见的毛病；静不下来，心不安，是常有的状态。而解决的重心就在中间这个"定"字，要志有定向。

小时候，我们就常回答爸爸妈妈、叔叔阿姨和老师们的问题："你长大以后想做什么呀？你的志向是什么呀？"有的人想当科学家，有的人想当警察，有的人想当宇航员，多好！可长大了以后呢？现在你问问自己，你的志向是什么呀？还能答上来吗？如果对这个问题的回答很确定，很笃定，那么"止定静安虑得"对你就不是问题。如果感到茫然，都不知道自己要去哪里，那第一个"知止"的止于何处，你就失去了目标，这样也就没法定、静、安了。如果你的答案很确定，就是赚钱发财，那是最糟糕的了，因为发不发财，只是顺带的结果，根本不是一个目标啊！

学习"止定静安虑得"，关键就是问你的志向是什么，要志有定向。志有定向，你就能知止了，就能找到"止定静安虑得"了。人为什么会不知止呢，就是因为没有志向。有志向，就是使命驱使，专心不贰；没志向，就想赚钱，就会找机会，为机会所牵引，所有动作都在找风口、投机，这在儒家就叫"为外物所移"，而止定静安虑得，就是不为外物所移。你该干吗干吗，管他风口在哪儿呢！

你只要志有定向，就能止于至善，不会跑偏，不会焦虑，每一天都心安心静，然后聚精会神、一以贯之地朝着既定目标前进。这样，你不仅能得到最终成果，而且每天都在做自己想做的，每一天都得其所止。

知行合一的三个层次

原文

物有本末，事有始终，知所先后，则近道矣。

华杉详解

"知所先后，则近道矣。"这句话啊，可以说是儒家所有思想的**基本原理**，说的是先后次序。先后次序，就是选择的原则、决策的原则。但是，确立原则并不难，难的是始终按原则去做。要始终按原则去做，就要对事物运行的原理有深刻透彻的理解，这样才能知行合一。

原则和按原则去做，就是"知"和"行"。原则是"知"，按原则做是"行"。

知行合一，你觉得已经最了不起了吧？其实，知行合一还分三个层次——**生知安行、学知利行、困知勉行**。

上等气禀的人，天生就按原则做，这叫"生知安行"——生而知之，安而行之。只要不按原则做，他心里就不安、不舒服，会自动矫正过来。

中等气禀的人，是"学知利行"——学而知之，利而行之。要知道了、理解了这样做对自己有利、能得，然后才去做。

下等气禀的人，是"困知勉行"——困而知之，勉而行之。得了教训，受到教育之后，再勉强自己去做。

以上这三种，都是知行合一，都"近道矣"。

当然，世上更多的是下下等气禀的人，栽多少跟头还是不明白，还是不去行。

朱熹注解说："明明德为本，新民为末。知止为始，能得为终。本始所先，末终所后。"

张居正讲解说：这一节是总结上面两节的意思。物，是指明德、新民而言；本，是根本；末，是末梢。"明明德"了才可以"新民"，所以"明德"是本，"新民"是末，就好像树先有树根，才能有树梢。事，是指知止、能得而言；终，是结束；始，是起头。"知止"了，方才"能得"，"知止"为始，"能得"为终，就如凡事有个头尾一般。这本与始，是最要紧的，该先做；末与终，是第二节功夫，该后面做。人能晓得这先后的次序，顺着去做，则自然可以"明德新民"，可以"知止能得"，而于大学之道，为不远矣。

"明明德为本，新民为末"，就是你要先自己"明明德"，然后才能去"新民"，去教化别人。这就是儒家领导力，或者说是管理学的基本原理——**率先垂范**。我们常说的"上行下效""上梁不正下梁歪"，就是这个道理。你在公司做领导也好，做小组长也好，总是要求别人做到的，自己要先做到。**因为自己做到是本，别人做到是末**。在家里做父母也是一样，要求孩子做到的，自己要先做到。但是我们很多人恰恰相反，给孩子的要求，都是去完成自己小时候没完成的任务，或者把自己没能实现的梦想寄托在孩子身上，这样就把孩子压垮了。**所以你要管孩子，主要是管自己。这就是本末的逻辑。**咱们这书算是"国学"，现在有很多家长都带孩子去上"国学班"，觉得孩子应该学点"国学"，可是家长自己却不学，这就是本末倒置了。

"知止为先，能得为后"。要先"知止"，**之后能不能得呢？原理是能得。但是做的时候，不能"期必"，不能期待自己一定能得！**因为你只能去做那个"先"，至于"后"，那是结果，不归你控制。最后没等来怎么办？孔子说了："求仁得仁，又何怨？"

难就难在你有期待，求回报。知所先后，就是该干吗干吗，不问回报。能做到不问回报,"则近道矣"——就接近大学之道了!

再比如,我们常说一句话:"只问耕耘,不问收获。"这道理其实简单得不得了,**因为只有耕耘,才有收获。耕耘是本,是先;收获是末,是后。知所先后,就是只问耕耘。**但是,有人就是理解不了,他就要问:"你怎么可能不问收获呢?我就不信你不问收获!"

问收获,问得来吗?问收获没有用啊。**问收获的唯一路径,就是问耕耘嘛。**

本末先后,就是要我们不为利欲所牵引,不要利令智昏,让利欲蒙住了眼睛,乱了心智。面对任何事情,我们都是要作出决策选择的嘛,那么我选择的逻辑,不应该是怎样对我有利。因为你判断对你有利的,不一定真有利,也可能弊大于利。所以你只需要管原则,哪头是本,哪头是末;哪头是先,哪头是后。然后就照那本、那先的地方去做,这不是活得很简单吗?

所以王阳明说:"**我等用功,但求日减,不求日增,这是何等洒脱!**"这就是明明德,擦亮了,把那些乱七八糟的想法都扔掉了,只需要辨别一个本末先后,不是很洒脱吗?

应事接物待人,无论大事小事,都只要辨别一个孰是孰非、孰先孰后,就这么简单。这也是一种无我,不把自己的欲求掺杂进去考虑,就天人合一了。天人合一,总是要我们去合于天,不可能让天来合于我。

儒家思想的社会学原理

原文

  古之欲明明德于天下者,先治其国;欲治其国者,先齐其家;欲齐其家者,先修其身。

华杉详解

现在我们进入著名的八条目了——格物、致知、诚意、正心、修身、齐家、治国、平天下。

八条目的关键是什么？是先后次序。前面讲"知所先后，则近道矣"，这里就是八条目的先后次序。

要"明明德于天下"，就是平天下，让全世界的人"皆有以明其明德者"。要给全世界做示范，那你就要先治其国，把自己的国家搞好。因为全世界的人，总会羡慕搞得好的国家，希望向它学习。

这是由近及远，是儒家思想的基本原理。孟子的王道思想也基于这个原理，王道不是要用武力征服别人，而是要行仁政，埋头把自己的国家搞好，让所有老百姓都过上美好生活。然后呢，全天下的百姓都羡慕你们国家的生活，都想到你们国家来，再加上他们自己的国君暴虐，人民都盼着你去解放他们，那就传檄而定，天下归一了。如果他们的国君也行仁政，百姓生活也美好，那大家都好，求仁得仁，皆大欢喜。因为我们的目的本来就是为了人民的美好生活，而不是为了扩大自己的权势和疆域。

接着说"欲治其国者，先齐其家"。你要想能治国，首先自己家里要治好。如果你连自己的家属都治不好，那你肯定治不了国。这也是由近及远的原理，先有近，后有远，没有近，就没有远。为什么我们看一个人是不是值得信赖的朋友，要先看他是不是孝子？因为孝敬父母是近，与朋友相处是远，他如果对自己父母都不好，也就不会对你好。

"欲齐其家者，先修其身"。要管好一家人，先得管好你自己。这又是一个基本原理，叫"推己及人"。物有本末，一家之本，在于一家之主，在于你自身，你自己不检点，怎么要求家属呢？

"推己及人，由近及远"，就是本末先后的基本原理。用现代的哲学思想来解释，叫模仿率。

1890年，法国著名哲学家、心理学家、社会学家、法学家加布里埃

尔·塔尔德出版了《模仿率》一书。他说他认为模仿是"基本的社会现象",并提出了三个模仿律:

1. 下降律:社会下层人士具有模仿社会上层人士的倾向。
2. 几何级数率:在没有干扰的情况下,模仿一旦开始,便以几何级数增长,迅速蔓延。
3. 先内后外律:个体对本土文化及其行为方式的模仿与选择,总是优先于外域文化及其行为方式。

"推己及人,由近及远"就是一个模仿率。**模仿率有两个关键,一是下层模仿上层**,上行下效。所以齐家、治公司、治国家,其实都很简单,就是率先垂范,你做出样板,不管是好样板坏样板,所有居你之下的人都会模仿。塔尔德说,这是一种生物学特征。或者我们也可以说是一个人类学原理、社会学原理。

第二个关键呢,是几何级数率,模仿起来快得很!多少积重难返的恶疾,只要你自己做出表率,意志够坚定,要求够持久,就能扭转乾坤。模仿的迅速传导和扩大,快到你自己都无法想象。所以《大学》后面有"一人定国"之说,国君一个人的品格和意志,就可以决定一个国家,进而影响世界。

推己及人,由近及远,模仿率就是儒家思想的社会学原理。

诚意正心

原文

　　欲修其身者，先正其心；欲正其心者，先诚其意。

华杉详解

修身在正心，朱熹说："心者，身之所主也。"

张居正说：心是身的主宰，若要修身，就要守得心里端正，没有一丝偏邪，然后身之所行，自然恰当于理。

正心，就是无所偏倚，不偏向自己，也不偏向别的某人。没有什么偏爱，就思无邪，该怎样就怎样。

要正心，先得诚意。朱熹说："诚，是实；意，是心之所发。实其心之所发，欲其一于善而无自欺也。"用善把心都填实了，一点自欺欺人的念头都容不下。

张居正说：心不容易正，因为意是心的发动。如果要做到心正，就要先实其意念之所发，不要涉及欺妄，然后心的本体才能正。

这里有个重要的概念，诚意，就是不自欺。

我们常说"自欺欺人"，要欺人，一定先自欺。比如我们讨论一个方案，有不同意见，就争论起来。这一争论呢，就很容易变成争胜。心疼自己和团队付出的劳动，希望自己的方案得到采纳，希望自己能胜过对方，这私心就钻进来了，心不正了，意也不诚了，这时候你说的每一句话都在欺骗别人，这是欺人。但是，心里告诉自己我在坚持自己的观点，嘴上说出来的话却是"屡变以求胜"。如果只是坚持自己的观点，话早就说完了。不停地继续说，就已经是在围绕求胜找各种理由了，这和观点无关，甚至已经偏移，这就是自欺。自欺和欺人加起来，就是自欺欺人。

为什么孟子说"善莫大于舍己从人"？**因为自己的观点就是一个很大的私，能放弃自己的观点，采用别人的观点，就是诚意正心的难点。**

我们可能每一天都要做好多次自欺欺人的事，所以要理解诚意正心，践行诚意正心。怎么用诚，用善，把自己的意填实，一点欺妄的念头都不给他留空间，这就是要时时刻刻警醒笃行的事了。

修身齐家治国平天下，每个人看了都有共鸣，有豪情。但是，要修身，先得诚意正心，把诚意正心吃透了，做到位了，思无邪了，才谈得上修身，这就是本末先后的次序。

爱有等差

原文

欲诚其意者，先致其知。致知在格物。

华杉详解

要做到诚意，先得致知。要致知呢，又要先格物，这就是格物致知。

朱熹注解说，致，是推到极处；知，就是识。致知，就是推极我的知识，要让我所知的无所不尽。格，是至；物，就是事物。格物，就是穷极事物之理，要让那极处无所不至。

张居正说，心之明觉谓之知，若要诚其意，就必先推及吾心之知，见得道理无不明白，然后意之所发是真是妄，才不会错杂。所以说，要诚意，先得致知。

这么说，致知的意思就是，你得懂道理，所有的道理都要懂。这样，你才能辨别是非，才能诚意正心。

张居正接着解释格物：理之散见寓于物，若要推及其知，在于穷就事物之理，直到那至极的去处，然后所知无有不尽，所以说，致知在格物。

这"格物致知"，是《大学》里一大学案，我们先把话头放在这里，后面会在专门的章节中讲。

原文

物格而后知至，知至而后意诚，意诚而后心正，心正而后身修，身修而后家齐，家齐而后国治，国治而后天下平。

华杉详解

这是八条目的次序。朱熹说，**前面五条——格物、致知、诚意、正心、修身，是明明德的事。齐家、治国、平天下，是新民的事。**

格物致知，物格而后知至，知什么呢？就是知止。诚意、正心、修身、齐家、治国、平天下，就是得其所止的次序。张居正说：要知所先后，循着这次序下功夫。

这就是大学的三纲八目。大学之道，在明明德，在新民，在止于至善，这是三纲领。格物、致知、诚意、正心、修身、齐家、治国、平天下，这是八条目。

张居正讲解说，这是重复说上文的意思。人能格物，于天下事物的道理，一一都穷究到极处，然后心里通明洞达，没有一点亏蔽，那么就可以做到致知了。"知"到了至处，然后善恶真妄，都见得分明，心上发出来的念虑，都是真实，没有一点虚假，这样就可以做到诚意了。意诚，然后就能去掉私欲，还归天理，心中虚灵的本体，就可以端正无偏，这就是由意诚到心正了。心既正，然后能检查约束自身，以就规矩，凡所举动，都合道理，而后便身无不修。身修，然后能感化一家人，都遵我的约束，则家可得而齐也。家齐，然后能感化一国的人，都听我的教训，则国可得而治也。国治，然后能感化天下的人，都做良民善众，与国人一般，然后天下可得而平也。如此反复强调，一是强调次序不可紊乱，二是强调功夫不可缺略。**八条目，一条都不能少，次序也不能乱。**

原文

自天子以至于庶人，壹是皆以修身为本。其本乱，而末治者否矣。其所厚者薄，而其所薄者厚，未之有也。

华杉详解

壹是，朱熹说就是一切。从天子到庶人，一切都以修身为本。

其本乱，而末治者否矣。张居正说，本，是修身；末，是齐家治国平天下；否，是不然。一定是自己先修身，然后才能齐家治国平天下。如果自己不能修身，就是根本先乱了，还想使家齐、国治、天下平，必无此理。

其所厚者薄，而其所薄者厚，未之有也。张居正讲解说，厚，是对自己家人；薄，是对本国与全天下的人。家国天下之人，虽然都应当爱，但家是亲，国与天下是疏。亲的在所厚，疏的在所薄，必厚其所厚，然后才能及其所薄。若不能齐家，却要治国平天下，就是将厚的先减薄了，而将那薄的反而加厚，必无此理，未之有也。

这是儒家很重要的价值观，就是爱有等差，亲疏有别。人总是先爱自己家人，然后才能去爱别人。如果一个人连自己家人都不爱，却去爱别人，那必有蹊跷。

易牙烹子就是这么一个极端的故事。齐桓公有一次跟易牙聊天，说寡人尝遍天下美味，唯独没尝过人肉的味道，真是遗憾！齐桓公此言，并不是真要吃人肉，可易牙却记在心里，把自己的儿子杀了给齐桓公吃。他为什么要杀自己儿子呢？或许是觉得，一国之君不能做强盗去抓小孩来吃，而他的儿子就是自己的财产，自己可以做主。齐桓公吃到人肉，觉得味道没尝过，就问是什么肉，易牙这才汇报了实情。齐桓公很震惊，但是居然也很感动，觉得易牙对国君的忠诚和爱，竟然超过了自己的亲骨肉，于是对易牙更加信任。

管仲临死时告诉齐桓公，一定要疏远易牙，因为易牙为了满足国君而不惜烹了自己的儿子，没有人性，一定不能把他留在身边。

可齐桓公没有听管仲的。到了晚年，齐桓公重病，诸公子争位内战，易牙把守宫门，假传君命，不让任何人进宫。齐桓公便因为无人照顾，活活饿死了。饿死之后还是没人管，尸体在房间里摆了六十七天，蛆都爬出窗外了。等内战终于结束，新君继位后，才把尸体收敛安葬了。

一个人，如果对领导、对他人的爱，竟然超过了对自己家人、亲骨肉的爱。或者对自己家人不管不问，却成天去帮助别人，那一定不是真爱，他肯定有其他诉求。

上文是《大学》第一章，朱熹说："右经一章，盖孔子之言，而曾子述之。其传十章，则曾子之意而门人记之也。旧本颇有错简，今因程子所定，而更考经文，别为序次如左。"

右，就是上文。左，就是下文。因为古代的竹简是竖着从右到左写的。**上面这第一章，是孔子的话，由曾子记录的，所以是"经"。下面呢，还有十章，是曾子的话，由曾子的门人记录的，所以是"传"。**朱熹说，旧本有的地方有错误，程颐老师重新勘误确定了。因为这个传文呢，总是引用很多经文典故，所以又考证经文，看看先后次序，文理接续，血脉贯通，深浅始终，都达到至为精密的地步。你一章一章熟玩熟读，详细体味，时间长了，自然能体会到。

保持紧张

原文

《康诰》曰:"克明德。"《大甲》曰:"顾諟天之明命。"《帝典》曰:"克明峻德。"皆自明也。

华杉详解

康诰,是《周书·康诰》,西周时周成王任命康叔治理殷商旧地民众的命令,为周公所作,原文是:"惟乃丕显考文王,克明德慎罚。"康叔是文王之子、武王的同母弟弟、成王的叔叔,所以周公要他效法父亲周文王,自明其德,又爱护百姓,慎于刑罚,成为一代圣君。克,就是能。克明德,就是能明德。

大甲,大念"太",就是"太甲",《太甲》是《商书》的一篇,伊尹作书告太甲。太甲是商汤嫡长孙,商朝第四位君主。太甲继位之初,由四朝元老伊尹辅政,伊尹连写《肆命》《祖后》等几篇文章,教导太甲遵照祖先的法制,努力做一位明君。在伊尹的督促下,太甲在继位后前两年,其作为还过得去,但从第三年起就不行了。他任意地发号施令,一味享乐,暴虐百姓,朝政昏乱,又破坏汤制定的法规。伊尹百般规劝,他都听不进去,伊尹只好将他放逐到商汤墓地附近的桐宫,让他反省,而伊尹自己则摄政当国,史称"伊尹放太甲"。太甲在桐宫三年,悔过自责,于是伊尹又将他迎回亳都,还政于他。重新当政的太甲能修德,诸侯都归顺商王,百姓得以安宁。

顾諟天之明命。顾,是常常地看着。諟,是此、这。明命,就是明德。朱熹说:"是天之所以与我,我之所以为德者也。"伊尹作书告诉太甲说:"人皆有此明德,而心志放逸忽忘者多,唯有您的先祖成汤,能心上时时存着,恰是眼中时常看着一般,无一时之怠玩,所以为商之圣君。"

要保持一种紧张状态,一刻也不能懈怠疏忽。我们做任何事,修任何德,都是这样。谁不想做好呢?但是,一松懈,就放弃,一放松自己,就说错话、做错事。所以要"顾諟天之明命",时刻盯住自己。小时候学校墙上经常刷着标语"团结、紧张、严肃、活泼",这是毛主席1936年给延安抗大题写的校训。这"紧张"二字,正是明明德的关键。曾子"日三省吾身",蘧伯玉日日改过,就是一种"顾諟天之明命"的紧张状态。

《帝典》,就是《尚书·尧典》,记载尧施政期间的政典。克明峻德,峻,是大。人皆有此大德,只是被私欲狭小了,唯有尧帝能明之。

这里引用的三段经书文字,"克明德"的"德"、"顾諟天之明命"的"明命"、"克明峻德"的"峻德",就是《大学》里明明德的明德;而"顾諟"和两个"克明",就是明明德的明。曾子引用这三段话,说"皆自明也",文王、商汤、帝尧都是自明其明德。

以上是传文的第一章,解释明明德。

君子无所不用其极

原文

汤之《盘铭》曰:"苟日新,日日新,又日新。"《康诰》曰:"作新民。"《诗》曰:"周虽旧邦,其命维新。"是故君子无所不用其极。

华杉详解

盘，是洗澡盆。商汤在他的洗澡盆上刻了一句警示自己的话，别人是刻座右铭，他是刻澡盆铭——"苟日新，日日新，又日新。"每天洗澡，就想到洗去自己的私欲，洗去心上的污垢，每日自新。人的心，就像自己的身体一样，身体要干净，喷洒香水是不行的，而是要洗干净，恢复他的本体。他的本体，就是干净的。

《康诰》上说："作新民。"作，是鼓舞振作。康叔去统治被平定的殷商叛民，周公告诫他，要鼓舞振作人民，让他们放下过去的包袱，成为周朝的一代新人。

《诗经》说："周虽旧邦，其命维新。"周朝作为一个部落，之后作为诸侯国，也有几百年甚至上千年的历史，是一个古老的国家了，但是到了周文王，他能自明明德，自新以新民，由此得以受天命而王天下。

所以，**君子无所不用其极，就是自新新民，止于至善。极，就是至善的去处。这个极，不是极端，而是止于至善。**

以上是传文的第二章，讲新民。

知止的价值观

原文

《诗》云："邦畿千里，惟民所止。"《诗》云："缗蛮黄鸟，止于丘隅。"子曰："于止，知其所止，可以人而不如鸟乎？"

华杉详解

这一章开始引经据典,讲止于至善。

"邦畿千里,维民所止"是《诗经·商颂·玄鸟》的一句,意思是说,王者所居的京畿都城,地广千里,但也不是无限大,总是有当止之处,就是人民居止之处,再往外走,没有人家了,就不在都城范围内了。国都那么大,也有居止的地方,可见凡物各有当止之处,止于至善。

"缗蛮黄鸟,止于丘隅"出自《诗经·小雅·绵蛮》。缗蛮,拟声词,是一种鸟叫声。丘隅,是山上丘壑里树多的地方,那地方最安全,黄鸟就筑巢在那里。

孔子读到这句诗,感叹说:"对于止,知其所止,人还不如鸟吗?"

在这个问题上,人确实不如鸟。因为人的想法多啊!总想再往前拱一拱,于是就把自己置于险境,不能止于至善。

原文

《诗》云:"穆穆文王,於缉熙敬止!"为人君,止于仁;为人臣,止于敬;为人子,止于孝;为人父,止于慈;与国人交,止于信。

华杉详解

这句话出自《诗经·文王》。穆穆,是深远之意;於,是叹美词;缉,是继续;熙,是光明;敬止,是无所不敬而安于所止。曾子引用这句诗,继续讲解,文王的所敬所止在于哪里呢?**为君的道理在于仁**,文王之为君,所存的是仁心,所行的是仁政,尽所以为君之道,没有一丝一毫的不仁,这就是止于仁。

为臣的道理在于敬,文王为人臣的时候,忠诚以立心,谨慎地恪守职责,尽所以为臣之道,没有一丝一毫的不敬。

为人子的道理在于孝。文王之为人子,事奉他的父母,常怀着爱慕的意念,对于那为人子的道理,竭尽而无所遗,这是止于孝。

为人父的道理在于慈。文王之为人父,教诲他的儿子,都成为继承家业的好人,对于那为人父的道理,曲尽而无所添加,这是止于慈。

与人交的道理在于信。文王与国人相交,言语句句都是诚实,政事件件都有始终,尽得那交往的道理,而无一毫之不信,这是止于信。

文王之能敬而知止,当然不仅仅在这五个方面,这五条只是大的纲目。我们学习到这里,要切己体察,事上琢磨,代入自己,以推类而尽其余,扩充放大,这样对于自己面对的每一件事,就都能止于至善了。

道学先生

原文

《诗》云:"瞻彼淇澳,菉竹猗猗。有斐君子,如切如磋,如琢如磨。瑟兮僩兮,赫兮喧兮。有斐君子,终不可諠兮!""如切如磋"者,道学也。"如琢如磨"者,自修也。"瑟兮僩兮"者,恂栗也。"赫兮喧兮"者,威仪也。"有斐君子,终不可諠兮"者,道盛德至善,民之不能忘也。

华杉详解

这是《诗经·卫风·淇澳》,淇,是水名。澳,是水边弯曲的地方。菉,就是绿。猗猗,是美盛的样子。斐,是有文采的样子,斐然成章。看那淇水河湾,绿竹美盛,就如我斐然有文的君子,其学问之精密,德容之美盛。

切磋，是加工兽骨、象牙等，用刀具切，再用鑢钖（磋磨骨角铜铁等使之光滑的工具）磋。琢磨，是加工玉石，先用椎凿琢，再用砂石磨。这是治之有先后工序，又精益求精，密益求密。

瑟兮僩兮，赫兮喧兮。瑟，是严密之貌。僩，是武毅之貌。赫喧，是宣著盛大之貌。君子修身治学用功之密，就像加工兽骨或玉石一样，切磋琢磨，所以其德存之于心，严密而不粗疏，武毅而不怠驰；形之于举手投足，音容笑貌，则宣著而不暗昧，盛大而不局促。

有斐君子，终不可谖兮。这个"谖"是遗忘。君子修身治学到了这样的地步，自然能感动众人，人们都敬慕他，终身不能忘也。

"如切如磋"者，道学也。道，是说话；学，是学习。道学，就是讲习讨论。大家一起讲习讨论，就是道学。"如琢如磨"者，自修也。自修，是省察克治的功夫，时刻自省，切己体察，克己复礼，自修自治。**自修和道学，是儒家讲的两个进步路径——尊德性和道问学。**

现在讲"道学先生"是讽刺了。这些讽刺歪曲，都是明清时期搞坏的。很多现在我们熟悉的"儒家思想"，在儒家经典里面根本找不到，全在明清时期的戏文里。什么是道学？就是讲习讨论，道问学。以后我们就努力做个道学学生，尊德性而道问学。

"瑟兮僩兮"者，恂栗也。恂栗，是战惧。"赫兮喧兮"者，威仪也。威，是可谓；仪，是有仪可象，可以作为表率，可以模仿学习。

这首诗，是赞美卫武公。曾子引用这首诗并解释它的意思：

如切如磋，是讲卫武公勤学的事，他将古人的书籍和事迹，既自己切己体察，又与他人讲习讨论，一定要考究到那极精透的去处才算数。

如琢如磨，是讲卫武公自修的事，他省察自己的内心，或性情偏与不偏，或意念正与不正，或行事善与不善，务必要见得分明，治得干净，不肯有一丝瑕疵。他学有所得，自然敬心常存，战战兢兢，没有一丝懈怠懒惰，没有一时苟且将就，这就是他严密武毅之处。

卫武公有敬德在心，举手投足自然有威严，人人都畏惧他；有仪容，人人都效法他，这是他宣著盛大处。卫武公尽学问自修之功，有恂栗威仪之貌，由此德极全备而为盛德，善极精纯而为至善，所以百姓都感仰爱戴他，终身不能忘也。

这一节，还是讲明明德之止于至善。

中国历史最重要的朝代

原文

《诗》云："於戏，前王不忘！"君子贤其贤而亲其亲，小人乐其乐而利其利，此以没世不忘也。

华杉详解

"於戏，前王不忘"是《诗经·周颂》里的句子。於戏，是拟声词，就是呜呼！前王，是指周文王、周武王。前王不忘，是说大家永远不能忘怀周朝创业开国的两位先王，他们永远活在人民心中！朱熹注解说：文王、武王明明德，新民，一切皆止于至善，能使天下后世无一物不得其所，所以后世人们思慕他们，愈久而不能忘也。

君子，是文王武王之后的王和贵族。小人，指后世的百姓。

君子贤其贤而亲其亲。张居正讲解说：文王武王之所以让人思慕不忘，是因为他们有无穷的功德流传后世。他们的贤德传下来，被大家模仿学习。他们创基业以传与子孙，这是他们的亲，后世的王者，也有所承籍而亲其亲。

这里我们注意一下，前面朱熹讲"亲民"是"新民"，而王阳明认为，"亲民"就是"亲民"，不是"新民"。他引用的证据就有后面这一句，"君子贤其贤而亲其亲"，后世的王，也像文王武王那样贤德，也像文王武王那样亲民。

这一句朱熹《四书章句集注》里没有讲解，大概他觉得太简单了不用再解释。读者可以自己判断要采信谁，关键是自己准备怎么做。**学习是一种行动反射，博学、慎思、审问、明辨、笃行，最终是行动。没有行动，博学、慎思、审问、明辨都等于零。**

小人乐其乐而利其利。文王武王治国安邦，让后代世世代代享太平之福，这是他们留给后人的乐处，后世的百姓就享了他们的福，乐了他们的乐。留下的制度，比如井田制，让老百姓永远为业，这是他们留给后世的利益。那后世的百姓就安居乐业，享有他们传下来的利。

以上是传文的第三章，解释止于至善。

周朝是中国历史上最重要的朝代，决定性的朝代，决定了中国和中国人的朝代。孔子说他"祖述尧舜，宪章文武"（叙述尧舜的思想，以周文王、周武王的宪章为准绳），又经常梦见周公，因为正是周文王、周武王、周公这三个人，奠基了中华文明。有兴趣研究的朋友，我推荐一本书叫《中国的传统》，作者是吴国桢。

孔子、曾子、子路、王阳明审案比较

原文

子曰："听讼，吾犹人也，必也使无讼乎！"无情者不得尽其辞。大畏民志，此谓知本。

此谓知本，此谓知之至也。

华杉详解

古代行政司法一体，县官就是法官。你做法官，诉讼的两方各执一词，你要怎么知道谁说的是真话，谁说的是假话呢？这就需要专业的经验和技术。孔子说，在这些经验和技术方面，我也跟别人差不多，也不比别人强，我希望做到的，是让天下无讼。就是没有诉讼，老百姓都不打官司了。

这句话是《论语》里的，曾子引用这句话，解释说："无情者不得尽其辞。大畏民志，此谓知本。"圣人能使那没有实情的人不敢尽其虚诞之词，是因为圣人的圣德在上，大能畏服民之心志，使之化诈伪而诚实，自然就没有颠倒曲直，以虚辞相争的，所以这诉讼还没等判决，它自己就没了。这就是知本。

我们现在没有孔子听讼的案例故事，但王阳明有这么一个标本式的案例：

乡里有父子二人打官司，请王阳明裁断。先生的侍从意欲阻止，王阳明却让他们进来说说。话还没说完，父子二人就抱头痛哭而去。

弟子柴鸣治看见了，问："老师您跟他们说了什么呀？怎么这么快就让他们感化悔悟了？"

王阳明说："我说舜是世间大不孝之子，瞽瞍是世间大慈之父。"

柴鸣治惊了，老师怎么说反话？舜的父亲瞽瞍，和舜的后妈、后妈的儿子象串通一气，几次要杀死舜，舜都机智地躲掉了，并且一如既往地孝敬父母，爱护弟弟。老师怎么反而说舜是大不孝，瞽瞍是大慈呢？

王阳明说："**舜总是觉得自己是大不孝，所以能孝。瞽瞍常自以为是大慈，所以不能慈。**瞽瞍记得这孩子是一把屎一把尿养大的，以前多可爱，现在怎么总是惹我不高兴？他不知道是自己的心已经被后妻改变了。这就是越自以为慈爱，越不能慈爱。而舜呢，自认为是大不孝之人。他心里想，小时候父亲多爱我啊，现在居然发展到要杀我，那一定是我大不孝，惹恼了父亲。我的弟弟也想杀我，我这个哥哥是怎么当的呢？怎么没教好弟弟呢？这又是一大不孝了。继母也想杀我，那也是因为我没能孝敬她，讨得她的欢心。总之一切都是自己的不孝。舜越觉得自己不孝，越是努力去孝，最终感化了一家人。

"等到瞽瞍高兴的时候，他不过是恢复了自己慈爱的本体。所以后世称舜是古往今来第一大孝子，瞽瞍也成了慈爱的父亲。"

我们看王阳明这个"必也使无讼乎"的真实案例，是不是比曾子解读得更深刻，更生动，更知本？曾子说的那个还不是本，也没有知行合一，只是凭自己的理解想象去解读，而实际情况不一定是那样。因为小人的特点，就是无所顾忌，不知敬畏，说他看见圣人就不敢撒谎了，那可不一定。**所以要知本，这本不是畏，不是畏服大人，而是致良知，触动他自己的良知、自己的本。**王阳明所言，就是明明德以新民，让这一对父子得以自新了，这就是本。

在这个本之上，还有一个天下之大本，就是教化全天下，人人都相亲相爱，这才是真正的天下无讼。《论语》有记载：

> 颜渊、季路侍。子曰："盍各言尔志？"子路曰："愿车马衣轻裘，与朋友共，敝之而无憾。"颜渊曰："愿无伐善，无施劳。"子路曰："愿闻子之志。"子曰："老者安之，朋友信之，少者怀之。"

颜渊、子路侍立在老师旁边。孔子说：你们何不谈谈自己的志向？

子路先说："我愿意把我的车马和皮衣，都和我的朋友共享，用坏了，我也没有遗憾。"

颜渊说："我希望不要张扬我做了什么好事，也不要夸大我有多少功劳和辛苦。"伐，是矜夸；施，是夸大。

颜渊说完了。子路问老师："请问老师的志向呢？"

孔子说："老者安之，朋友信之，少者怀之。"我的志向啊，希望天下老人都得到安养，朋友之间都能相互信任，孩子都得到关怀！

我想，孔子说的要让天下无讼，意思应该就在这儿了。

再补充学习一下，孔子怎么说到听讼这件事的呢？《论语》里的上下文是这样的：

　　子曰："片言可以折狱者，其由也与？"
　　子曰："听讼，吾犹人也。必也使无讼乎！"

由，是仲由，就是子路。

片言，又叫单辞，就是只有单方面的言辞。古代审案的程序，原告说了，被告还要说，这叫"两造"。周礼有具体规定，先取两券，把原告、被告的陈述分别写在上面，开庭之后，"再用一个书契"，将判决写在上面，这就是前券后契，"两券两契"，少了一个，就不合程序，这个判决就不合法，不能生效。

券和契，都是最严肃、分量最重的东西。审案毕，原告被告各会拿到一片竹片或者木片，上面有自己的陈述，也有法官的判决。

折狱之法，前券后契，必得两具，券不两具，谓之单辞，单辞不治，不能下判决。契不两具，叫不能举契，也不能判决。

那子路是怎么判案的呢？他不守程序。"片言可以折狱者，其由也与？"原告说完，他只拿到一片，被告的陈述他根本不听，就直接判决了，因为他太"智慧"了，不用往下听就都明白了。孔子说："能这么干的，恐怕只有子路吧？**我没他那本事，我审案也跟一般人一样，要按程序小心仔细地来。不过，我追求的是，怎么让大家不打官司。"**

以上是传文的第四章,讲本末。物有本末,事有始终,知所先后,则近道矣。

《大学》第二学案,格物致知

原文

　　右传之五章,盖释格物致知之义,而今亡矣。闲尝窃取程子之意,以补之曰:

　　所谓致知在格物者,言欲致吾之知,在即物而穷其理也。盖人心之灵莫不有知,而天下之物莫不有理,惟于理有未穷,故其知又不尽也,是以《大学》始教,必使学者即凡于天下之物,莫不因其已知之理而益穷之,以求至乎其极。至于用力之久,而一旦豁然贯通焉,则众物之表里精粗无不到,而吾心之全体大用无不明矣。此谓物格,此谓知之至也。

华杉详解

这是传文的第五章。前面三纲领解释完了,应该要解释八条目了。但是,《大学》下文却是从诚意正心讲起:"所谓诚其意者……"而没有讲格物致知。所以,朱熹说是书简在这个地方掉了一段,没了。怎么办呢?他就自己按照老师程颐讲的意思,补写了格物致知的解释。那么问题来了,朱熹怎么知道原意是这样的呢?这就形成了《大学》第二学案——格物致知。这次的挑战者还是王阳明。

我们先学习朱熹老师的解:

为什么说致知在格物呢？我们要想知道，就要即物穷理，也就是探究事物，求得事物的原理。天下之物莫不有其原理、事理，我们不能穷尽这些事物的原理，就不能全知，不能致知。所以要学者于凡天下之物，莫不因其理而穷尽之，达到极致。这样日积月累，用力越久，则豁然开朗，融会贯通，对万事万物的表里精粗无不到位，这样自己心之全体也无所不知，无所不明了。所以说格物致知，物格而知之至也。

朱熹的解释，成了权威正统，今天的《现代汉语词典》也是这样解释格物致知的："推究事物的原理法则而总结为理性知识。"在清末的洋务学堂，最开始时就把物理、化学等学科，称为"格致"。

朱熹说得有理，不过，穷尽天下万事万物之理，似乎是全人类、全体学者的事，而不是某一个学者的事。如果我要格物致知之后，才能诚意正心，才能修齐治平，这有点不好理解。

王阳明年轻时，想要去践行朱熹的格物致知，他想，我先格竹子吧！看看能格出什么理来。于是一连七天对着竹子静坐，想悟出竹子的理。他废寝忘食、目不转睛地看着、想着，一直坐得支撑不住，病倒了，还是什么也没格出来，然后他说朱老师错了。

其实，王阳明这样格，也没道理。要格竹子，你得去种竹子，看它生长，看它有什么功用。人类不就是一代代格竹子，才知道竹子的习性和用途的吗？哪有盯着看就算格物的呢？

不管怎么说，王阳明提出了他对格物致知的解释。知，不是知识，而是知善恶，要知道什么是善、什么是恶。格，是个格子，是个善的标准，那事物一来，我就拿这个善的格子去框它，对得上就是善，对不上就是恶，要匡正匡正。所以他对徐爱说：格物是止至善的功夫，懂得止于至善，就懂得格物了。

和那善的格子严丝合缝，就是止于至善。

王阳明这思想，后来总结成著名的四句教：

> 无善无恶心之体，
>
> 有善有恶意之动。
>
> 知善知恶是良知，
>
> 为善去恶是格物。

听了王阳明这样的解释，再去看把格物致知放在诚意正心前面，说要先格物致知，才能诚意正心，就好理解了。因为你总得有个善恶对错的标准，才能诚意正心嘛。就像我们现在说，你这个人做事不要太出格，这个格，就是做事标准的格，就是格物致知的格。

这么说，格物致知的知，就是良知。而格物致知，就是致良知。先致良知，然后就能诚意、正心、修身、齐家、治国、平天下。

那么，我是否认为王老师对、朱老师错呢？非也！**学习第一是立志，第二是敬畏老师，哪敢评判老师的对错！第三呢，学习是一种行动反射，而不是去晓得标准答案。不要答案，要行动。**朱老师的格物致知，我们要照做，笃行；王老师的格物致知，我们也要照做，笃行。这就是我们的"学习学"，要学习，先得懂"学习学"。

格物致知这一学案，争论了两千多年，明末刘宗周就说："格物之说，古今聚讼有七十二家！"如果你去把这七十二家说法都看看，或许还有收获。我们挑两位最有声望的老师来学习一下，他们是东汉的郑玄，和唐朝的孔颖达。

> 郑玄说："格，来也。物，犹事也。其知于善深，则来善物。其知于恶深，则来恶物。言事缘人所好来也。此致或为至。"
>
> 孔颖达："致知在格物者，言若能学习，招致所知。格，来也。已有所知则能在于来物；若知善深则来善物，

知恶深则来恶物。言善事随人行善而来应之，恶事随人行恶亦来应之。言善恶之来，缘人所好也。物格而后知至者，物既来则知其善恶所至。善事来则知其至于善，若恶事来则知其至于恶。既能知至，则行善不行恶也。"

两位前辈老师的解释很一致，他们都在王阳明之前，也在朱熹之前。他们的意思很简单，就是你想什么就来什么。格，是来的意思。你心善，善的东西就来；你心恶，恶就向你聚拢。这有点像我们现在说的"孕妇效应"，平时你不注意有多少人怀孕，但是一旦你自己怀孕了，就会发现满大街都是孕妇。因为你的关注，决定了你的觉知。

另外，我们在学习上也讲一个道理，**我们孜孜以求答案，往往是因为没找对问题。当我们找对问题，就会发现，满世界都在向我们提供答案，所有的答案都在眼前！**

郑老师、孔老师的格物致知，你学到了吗？

好德与好色

原文

所谓诚其意者，毋自欺也，如恶恶臭，如好好色，此之谓自谦，故君子必慎其独也！

华杉详解

接下来开始讲解诚意。诚意，就是不要自欺。就像你厌恶那恶臭，是真心厌恶，一定马上捂着鼻子躲开；喜好那美色，是真心喜好，马上眼睛就会看过去。这就叫自谦，谦就是慊，快意、满足之意，自慊就是自足，满足自己。那么，如果你厌恶恶，就像厌恶恶臭一样，喜好善，就像喜好美色一样，都是发自内心的条件反射，不是为了别人，而是为了自己，那就是诚意了。

孔子说过："吾未见好德如好色者也！"好色是一点也没有自欺，好德就难免自欺了，有的地方不是真心地去喜好。

孔子又说："知之者不如好之者，好之者不如乐之者。"好之者，就是好德如好色的意思；乐之者，就是生知安行，居仁行义。

孔子还说："求仁得仁，又何怨。"你好的就是善，求的就是仁，那是诚意到家了，就是天下之至诚，至诚如神，那是《中庸》的最高境界。

王阳明喜欢引用这一段来讲良知，他说，如恶恶臭，如好好色，就是良知。看到地上一泡屎，不需要先提醒自己，这是恶臭，我应该捂鼻子，然后再把鼻子捂上，而是不假思索马上就捂上了。在路上看到美女，也不需要先提醒自己，这是一个美女，我应该多看两眼，然后再去盯着人家看，而是不由自主就看了。**这就是良知，良知自然就知，不用刻意提醒自己。那么，你修养自己的德性，也修养到如恶恶臭，如好好色，不需要大脑控制，由脊柱神经控制，形成条件反射，那就是致良知了。**

朱熹讲解说：自修者要为善去恶，就要笃实用力，而禁止自欺。厌恶恶行，就像厌恶恶臭，必欲去之而后快；喜好善行，就像喜好美色，必欲得之而满足。这一切，都是实心实意地满足自己，而不是为了别人。总有别人不知道，而自己却知道的地方，所以在这里要谨慎体察，就算是自己独处的时候，别人不知道，但自己也要知道为善去恶。

张居正说，欺，叫自欺；慊，叫自慊。就是说，意诚不诚、实不实，别人不知道，只有我自己心里知道，这个心里的去处，极其隐蔽微妙，但确是善恶的分界所在，不能不谨慎。**所以君子在此处，要切实下功夫，发现自己是自欺，就加以禁止；发现自己是自足，就加以培植，不敢有一毫**

之苟且，这就是慎独功夫。

什么是诚意？诚意就是不自欺。这话振聋发聩。人若欺人，必先自欺。所谓自欺欺人，就是把自己骗过了，然后就可以脸不红心不跳地去骗别人。

慎独的企业文化

原文

小人闲居为不善，无所不至，见君子而后厌然，掩其不善，而著其善。人之视己，如见其肺肝然，则何益矣。此谓诚于中，形于外，故君子必慎其独也。

华杉详解

闲居，是一个人独处，在没人看见的地方。厌然，是消沮闭藏的模样，掩盖自己。

小人一个人独居的时候，因为没人看见，就把各种不好的事，一件件都做出来，没他干不出来的。等到见了君子，却也知道惶恐，把自己不善的地方掩盖起来，假装出一副善的模样。这就是说，他并非不知道什么是善什么是恶，并非不知道应该为善去恶，只是做不到而已。但是，他在君子面前装出一副善的模样，难道骗得过人吗？自己再怎么掩饰，别人看你也是一目了然，就像把那肚子里的肺肝都看透了。恶是掩盖不了的，善是装不出来的，掩恶诈善是做不到的，因为你有一颗不好的心在里面，就自然会有不好的行迹露在外面。反过来，你有一颗诚意善良的心在腔子里面，就自然会有善良亲和的气质在外面。**这心在什么时候修呢？就在自己**

独处的时候修。所以君子一定要慎独。

这个地方要仔细体会，代入自己，切己体察，事上琢磨。就去体会这个 **"慎其独→诚于中→形于外"** 的逻辑和修身心法。

先讲诚于中而形于外，我就以孝敬父母为例。

王阳明问弟子们："孝敬父母知道吗？"弟子都说知道。王阳明说："不，你不知道，你只是知道有孝这个说法，并不是真知道什么是孝。你只有去孝了，你才知道，你在孝敬父母上做到多少，你就知道多少。没做到的，你还是不知道。这就是知行合一。"

那么，孝敬父母的最低标准是什么呢？《论语》中有这样一句：

> 孟武伯问孝，子曰："父母唯其疾之忧。"

孔子说，就是让父母只需要为你生病操心。意思是说，你先别问自己能为父母做什么，首先能做到自己不要让父母为你操心，就是孝了。只有这个生病，偶尔是免不了的。你生病的时候，父母可以为你忧心，而其他时候都不需要。从今天来说，你工作也不用父母操心，找对象也不用父母操心，买房子也不用父母操心，不用父母为你拼爹，更不用担心你学坏，对你的任何事情都放心，最多就你生病的时候忧心一下，毕竟你是人不是神，生病是躲不掉的。那么，恭喜你！你不用为父母做什么，就已经很孝啦！

孝敬父母最难的又是什么呢？

> 子曰："色难。有事，弟子服其劳；有酒食，先生馔，曾是以为孝乎？"

孔子说，最难是脸色，也就是永远保持和颜悦色。有事的时候，年轻人抢着干，不让老人操劳。有酒食，先为长者陈设奉上，让长者先吃。难道这就算孝了吗？这不算。事亲的时候，最难的是始终保持愉悦和婉的容色。没有一丝一毫的厌烦和"礼敬疲劳"，没有"累觉不爱"，那才是最难的！

我把自己代入审视一下，"父母唯其疾之忧"，我读书的时候没做到，不过现在差不多做到了。脸色呢？这个没做到。有时候我妈跟我唠叨，我就会烦，烦了就有脸色，甚至打断她："哎呀，你晓得个哪样！不要说了。"

《礼记》说："孝子之有深爱者必有和气，有和气者必有愉色，有愉色者必有婉容。"

所以我对我妈还不够有深爱，不够有诚意，就没有诚于中而形于外了。

要修这"诚于中而形于外"，就要修慎独。

在公司里，我们也尤其需要慎独的企业文化。

公司里有个最典型的场景，每天最后一个离开办公室的人，有没有检查关灯、关电脑、关窗、关复印机？你加班了，公司最后留下你一个人，这是你独处的时候，你也知道只有你一个人，但是，你走的时候，还是没关灯没关窗就走了。

什么原因呢？忘了。为什么忘了？心中的诚意和爱还不够。

另一个比较恶劣的"小人闲居为不善"，是在洗手间里抽烟。马桶间门一关，没人知道谁在里面，就抽起烟来，甚至有更恶劣的，就往面前地上吐痰。有的人啊，他在独处的时候不是要放松自己，而是要放纵自己，因为在人前装君子太累了，这时候要"犒劳"自己一下。

我的公司"华与华"是怎么解决这个问题的呢？我们的企业文化是，**公司出现任何问题，都是"我"的责任。也就是说，谁看见就是谁的责任。** 当我们在厕所发现烟头，不是去追查谁抽的，而是谁看见，谁就把它收拾干净。这也是慎独。谁也不会在自己家的卫生间地上扔烟头或吐痰，当你看见自家卫生间有烟头或痰迹，肯定马上就收拾了。

这就是慎独的理念，不要求别人，只要求自己。别人咱们管不了，只有咱们自己管住自己。

还有，"华与华"每周一早上8:30全体员工要大扫除。经常有网友问我，有人不愿意来怎么办？有人请假怎么办？有人迟到怎么办？

这些问题啊，都不是关键。关键问题在于我自己不想去了怎么办，我迟到了怎么办。其实我也经常偷懒不想去，但我要管住我自己，一定要按时到，这才是慎独。因为在公司我是老大，这也是一种"独"，可以"独裁"，可以放松自己，光要求别人。但就算这样要求自己，有时候还是会迟到，怎么办呢？就在公司群里发红包，抱歉今天我迟到了！

所以啊，就算是老大，也顾不上管别人，能管住自己已经不错了。修齐治平，就是要**领导者别想着管别人，关键是管住自己。**

慎独对于企业文化来说太重要了！餐厅的后厨卫生，企业的质量管理，都是慎独。

古人修这个慎独呢，最极端的，就是修"无一事不可对人言"，就是彻底没隐私，我做的每一件事，都可以公开告诉全世界，这叫"不欺之学"。清代有个学者，也写过《四书传注》的，叫李塨，他就自负不欺之学，日记里啥都写，有一天记了一句："昨夜与老妻敦伦一次。"连性生活都向全国人民汇报了，这就传为了笑谈。

李塨老师这个功夫咱修不了，公私有别，他这是《大学》修入迷了，《中庸》没修好。不过，我们要学习他这种博学、慎思、审问、明辨，最后一定落实到"笃行"的精神，要笃实用力去行动。否则读书做什么呢？

诚中形外

原文

曾子曰:"十目所视,十手所指,其严乎!"

华杉详解

严,是可畏的意思。张居正讲解说,在那幽独之处干的事,人只说无人看见,无人指责,就可以苟且。岂不知天下之事,有迹必露,无微不彰,你虽然遮掩,但总会暴露出来,被人识破。所以你一个人偷摸做的事,别以为没人看见,也有十双眼睛盯着的;别以为没人指责,也有十只手指着你!岂不可畏吗?既然知道其可畏,就一定要下那慎独的功夫。

还是要修"无一事不可对人言"。没有一件事不可以跟别人说,不是要像李塨老师那样,啥都主动跟人汇报,而是**你总有自己不愿意别人知道的事,即便被人知道了,也没啥亏心的。**这个标准就比较好把握一点。

原文

富润屋,德润身,心广体胖,故君子必诚其意。

华杉详解

这是讲慎独的好处。

一个人富裕了,就要装修房子,华美其屋,让自己住得更舒服。一个人有德呢,自然"诚中形外"——诚于中而形于外,而华美其身。因为有德之人,他心里没有一点愧怍,便自然广大宽平,而发之于四体,则从容舒展，身心内外之间，浑然是个有德的气象，这就是心广体胖。胖，这里读作pán，是安泰舒适的意思。

以上是传文的第六章，讲诚意。诚于中而形于外，类似孟子讲的养浩然之气。**浩然之气，就是无所亏欠的正气**，怎么养这浩然之气呢，就是集义而生，人前人后，一点对不起人的事儿都没做过。有句话叫人做一件好事并不难，难的是一辈子只做好事，不做坏事。鼓舞精神大干一百天好事，那叫义袭而取；一辈子每天每件事都做好事，那叫集义而生。**集义而生，就一身正气，一身浩然之气**。只要做了一件坏事，就像扎了一个针眼，就漏气了。

恐惧论

原文

所谓修身在正其心者，身有所忿懥（zhì），则不得其正，有所恐惧，则不得其正，有所好乐，则不得其正，有所忧患，则不得其正。心不在焉，视而不见，听而不闻，食而不知其味。此谓修身在正其心。

华杉详解

程颐说，"身有所忿懥"的"身"，应该是"心"，是"心有所忿懥"。懥，就是忿恨、恼怒的样子。

修身之道，首先在于正心，心不正，情绪有偏倚，行为就不正。心中有所忿懥，有所恐惧，有所喜好，有所忧虑，都是心不正。

张居正讲解说：心是身的主宰，心体至虚，本来不着一物，一有所着，则心为之所累，而不得其正。着在怒的一边，而有所忿懥，则心为忿懥所累，不得其正；着在恐惧的一边，则心为恐惧所累，不得其正；着在喜的一边，而有所好乐，则心为好乐所累，不得其正；着在忧的一边，而有所忧患，则心为忧患所累，不得其正。

忿懥、恐惧、喜好、忧虑，都是人之常情，当然之则，但是，要随事而应，而各中其则，事已即化，而不留于中，则心之本体，还是一面明镜，何累之有？

人心既为一身之主，必心君泰然而后众体从令，各司其职。如果心中有忿懥、恐惧、好乐、忧患的情绪，则心便被这情绪牵引去了，不在里面。 心不在焉，则眼睛虽然看着，也视而不见；耳朵虽然听着，却充耳不闻；嘴里虽然嚼着，却食不知味。可知如果心不正，眼、耳、口便都失控了，那你处理事情的行为会怎样？所以修身在于正心，不正心，则无以修身。

修这个正心，主要是管理自己的情绪。《中庸》里讲致中和："喜怒哀乐之未发谓之中，发而皆中节谓之和。"**情绪该发出来就发出来，该发到什么程度就发到什么程度，无过不及，不要过分，也不要压抑自己，总之每次都处理干净，不留于中，还心体一面明镜。**

颜回的修养，有一条叫"不迁怒"，就是对何人何事发怒，这怒气就只对何人何事，不把脾气发给别的人别的事。我们跟老板汇报工作，经常要观察老板心情，心情好就汇报，容易批准；心情不好，正事儿也可能给骂出来。这就说明老板的正心功夫还不够。股价一升一降，忿懥或好乐，他的心都不正。

恐惧和忧患更能让你心不正，行不正。恐惧和忧患的原因，主要是没有使命感。或者说嘴上讲使命，心里求的其实还是平安富贵。孔子说："不知命，无以为君子也。"一个人不知天命，没有使命感，就做不了君子。程颐说："知命者，知有命而信之也，人不知命，则见害必避，见利必趋,何以为君子?"知命者,知道有命,并且相信这命,就按这个命去做。孔子说五十而知天命,我的天命是什么,我就去做什么。如果人不知命,那他一举一动的原则,都是趋利避害。见害必避,见利必趋,就没有志向和原则,为利欲所牵引,为害怕而躲避,他的未来往哪儿去,他自己都不知道,他怎么能成为君子呢?这就是心不正。

林则徐有一句诗:"苟利国家生死以,岂因祸福避趋之。"这心就正了,不会为忿懥、恐惧、忧患、好乐所移。

这世上没有绝对的安全,所以不要恐惧忧患,要诚意正心,致良知,凭着大是大非去做。

子曰:"知者不惑,仁者不忧,勇者不惧。"

以上是传文的第七章。

爱屋及乌是病

原文

所谓齐其家在修其身者,人之其所亲爱而辟焉,之其所贱恶而辟焉,之其所畏敬而辟焉,之其所哀矜而辟焉,之其所敖惰而辟焉。故好而知其恶,恶而知其美者,天下鲜矣。故谚有之曰:"人莫知其子之恶,莫知其苗之硕。"此谓身不修不可以齐其家。

华杉详解

之,意思是于、对于。辟是偏。

为什么说齐家在于修身,不修身则无以齐家呢?张居正讲解说:因为一家之根本，在于我自身，我身与人相接，情理所向，各有一个合乎于情、理所当然的道理。但是，人大多任情任性于自己的好恶，不能省察自己，就陷于一偏，而身不能修也。比如骨肉之间，自然应该亲爱。但是父亲有过，儿子应该谏诤。儿子有过，父亲应该教训。如果只管任情任性去亲爱，而不管义理上可否，那就跑偏了。

卑污之人，固然令人贱恶。但是如果他身上也有可取的地方，也不该全盘否定他；如果他还有可教之处，也不该全然终绝他。如果只管任情任性去贱恶，一点也不肯宽恕，那就跑偏了。

人对于尊长，固然应该敬畏。但也有一个敬畏的正理。如果不察其理，过于畏惧，或过于恭敬，话不敢说，大气不敢出，那也是不合于中，又跑偏了。

对困苦之人，固然应该怜悯，但也有一个怜悯的正理。所谓可怜之人必有可恨之处，如果对那可恨之处，也一味姑息，这怜悯也跑偏了。

敖惰，是简慢。平常的人，你对他简慢一些，也不为过。但简慢也有个简慢的正理。如果不当简慢之处，也去简慢他，就成了骄傲放肆，又跑偏了。

人情之陷于偏颇，就是这样。喜欢一个人，就觉得他样样都是好的，就是他有不善的地方，也看不见了。讨厌一个人，就觉得他样样都是坏的，就是他有好的地方，也视而不见了。能够对自己喜欢的人，还能看见他的恶；对自己厌恶的人，还能看见他的好，始终保持至公至明，这样的人太少了！

所以谚语说，儿子是自己家的好，庄稼是别人家的壮。对儿子因溺爱而不明，他的儿子虽然不肖，他也不知道，只是说好。对庄稼呢，虽然长势喜人，他却贪心不足，还嫌长得不茂盛。

所以说，欲齐家者，必先修其身，如果身不修，则情有所偏，事皆任意。要想感化一家人，使其无论大事小情，都在情理之中，而没有参差不齐者,那是断无此理。

以上是传文的第八章,讲修身齐家。

父母心

原文

所谓治国必先齐其家者,其家不可教而能教人者,无之。故君子不出家而成教于国。孝者,所以事君也;悌者,所以事长也;慈者,所以使众也。

华杉详解

接下来讲齐家治国。

张居正讲解说,为什么说治国必先齐家呢?因为家是国之本,如果说不能修身以教其家,给家里人做一个模范榜样,却能教导一国之人,使之感化,那是绝无此理。所以在上位的君子,只修身以教其家,使父子、兄弟、夫妇各尽其道,则身虽不出家庭,而标准之立,风声之传,那一国的百姓自然感化,也都各尽其道,他的教化就成了。这原理是什么呢?**家国虽异,其理则同**,比如善事父母是"孝",而国之有君,就像家里有父母一样,事亲的道理,就是事君的道理。善事兄长叫"悌",而国之有长,就像家之有兄一般,这事兄的道理,就是那事长的道理。抚爱卑幼叫"慈",国之有众百姓,就像家中有卑幼一样,这抚爱卑幼的道理,就是那使众百姓的道理。"孝""悌""慈"三件,是君子修身以教于家的,然而国之事君、事长、使众之道,不外乎此,所以"君子不出于家而成教于国"。

修身齐家，在家为人父母，在国为民之父母。你要带领他们，驱使他们，自己心里就要持一个"父母心"去做。儒家思想，是齐家治国，先家后国，以国为家，以国人为家人，强调领导者要有父母心。

所以"父母官"之说，有领导和爱护两个标准，就像父母对子女，父母是子女的天，是子女的主宰，同时父母又一心为子女，心疼爱护子女。

领导者要有父母心，这是儒家最重要的思想之一。

曾国藩带兵打仗，不是只关心战略战术怎么打得赢，还反复强调，我们把家乡子弟带出来，他们想建功立业，升官发财，可我们还要注意，不要让他们学坏。等战争结束，回到家乡，交还给他们父母妻子的，应该是一个成长起来的有为青年，而不是吃喝嫖赌抽、五毒俱全的兵油子。这就是曾国藩的父母心。

我们学这思想，要放在自己身上想一想，我对人有没有父母心？

比如你是一个教师，对学生有没有父母心？既严格要求，又关怀爱护。还能有教无类，不偏心，无论学生的家庭贫富、贵贱、个人智愚、善恶等，都不轻视他，都把他当你的孩子。

比如你是一个医生，对病人有没有父母心？全力以赴为他治疗，耐心讲解开导，不让他心理负担太大。而不是想着多开点药给他吃回扣。

比如你是一个老板，对员工有没有父母心？不是只驱使他们给你赚钱，而是关心他们的成长，真心实意心里装着每个人的生涯规划。

比如你在路边摆一个早餐摊，你对食客有没有父母心？有父母心，就不会用地沟油。

比如你是一个足疗技师，你对顾客有没有父母心？有父母心，你就不会走过场，就会更敏锐。顾客能感受到你的关心，你自己也进步更快。

比如你是一个司机，你对乘客有没有父母心？如果车里坐着你的孩子，你就不会危险驾驶，不会开斗气车。我的司机小吴有一次在路上和旁边的车斗气，我就问他："假设我是你儿子，我坐在车上，你还会跟人斗气吗?"

父母心,是一个奇妙的修身心法。东汉有位名臣叫第五伦,有一次他哥哥的孩子生了病,他就像对待自己亲儿子那样,夜里起来十次去探视照顾。后来有一次,当他自己的儿子病了,他才发现两次的感受完全不一样。照顾哥哥孩子的时候,每次回到床上他就继续睡,而自己孩子生病的时候,他虽然没有夜里起床去探视,但是整夜都睡不着。他意识到,这两次的心情是不一样的。父母心,不容易修啊!

无论你是任何职业、社会分工,每个工作都是一个专业知识工作,专业就是权力,对顾客就有一定的主宰性。选择前是顾客主宰你,选择后,你就一定程度主宰了顾客。你承担了责任,用父母心去做,就是最高的职业道德,也是成功的秘诀。

原文

康诰曰"如保赤子",心诚求之,虽不中不远矣。未有学养子而后嫁者也!

华杉详解

《康诰》,是《周书》的篇名,是周成王封康叔治理殷商旧地的诰词,是执政周公写的。诰就是告,下告上曰告,上告下曰诰。诰,就是上级告诫下级。到了秦朝,就不用诰字了,就像秦始皇发明"皇帝"这个词一样,他要比前面的帝王都上档次,所以他说的话也不能跟前面一样叫诰书,所以他就用了一个新词叫"诏书",于是就有了大家熟悉的"奉天承运皇帝诏曰"。不过诰这个字还是流传了下来,戏里经常看到"诰命夫人"一词,这还是皇帝加封的。

赤子,是初生的婴儿。我们常说"赤子之心",这个词也是四书里的,出自《孟子》,指某人的心,像初生的婴儿一样善良、纯洁。

如保赤子，是周公告诫康叔，要保护爱护人民，就像母亲保护爱护初生的婴儿一样。初生的婴儿，不会说话，不会表达自己的意思，但母亲以爱子之心，猜度他的意思来照顾他，虽不能完全准确，但也差之不远。

你只要诚心诚意，以如保赤子之心，像母亲爱护婴儿一样去爱护人民，也能做得差不多。

这个不需要学习，就像母亲一样，谁也不是先学会养孩子后才嫁人的。小姑娘嫁了人，生了孩子，自然就会。为什么？因为有那份诚心，有那份爱心。

这就是心诚则会的道理，你心里装着大家，真诚地对待大家，设身处地为大家考虑，就能成为一个伟大的领导者。如果从现代人的经营来说，这个"大家"，一包括顾客，二包括员工。伟大的企业家，都是以如保赤子的心，来对待员工和顾客。我们看人家成功，老想去学人家是怎么做的，却往往学不会。为什么？因为没有人家那份心、那份仁义。

我们若有了那份爱心、诚心、关心、细心、贴心、用心，有那份仁义慈爱，就像姑娘生了孩子，自然能把他照顾好，把他养大。

一人定国

原文

一家仁，一国兴仁；一家让，一国兴让；一人贪戾，一国作乱；其机如此。此谓一言偾（fèn）事，一人定国。

华杉详解

这里的"一家"，是指国君的家；"一人"，是指国君。或者我们可以理解为一个团队的领导者。

一家仁，一国兴仁。

张居正讲解说，仁，是以恩相亲。

君子不出家门而成教于国，既本乎一理，又出于自然。人君如果能以仁教于家，使一家之中，父慈子孝，欢然有恩以相亲，则一国之为父子的，得于观感，也都兴起仁矣。

儒家反反复复讲的，就是给在上位者讲"上行下效"的道理。你希望下面的人怎么样，不是要耳提面命地去督促他们，而是要按照这标准来要求自己。你自己做到，大家就都做到了。

一家让，一国兴让。

让，是以礼相敬，以利相让。

人跟人不一样，有的人怕吃亏，不能吃亏，一觉得自己吃了亏，就面红耳赤，呼吸变快，心跳加速，一定要找点便宜来占，心情才能平复。

另一些人怕占便宜，不能占别人便宜，如果一件事没注意，占了别人便宜，或者有占了别人便宜的嫌疑，就面红耳赤，呼吸变快，心跳加速，一定要找点亏来吃，心情才能平复。

俗话说"吃亏是福"，又说"吃小亏，占大便宜"，这两句话，还是怕吃亏的人说的。吃亏了，他心里难受啊，不平衡啊，于是就开始念咒："吃亏是福，吃亏是福，吃亏是福，今天吃小亏，明天占大便宜！大呀么大便宜！"

真正能让的人，怕占别人便宜的人，他吃亏不是为了求福，更不是为了以后占大便宜，而是求自己心安。这样的人，容易养成让的习惯，什么事都先让、多让一点，就不会有不小心占别人便宜的嫌疑。

还有一句四川俗话，叫"吃得亏，打得堆"。这话比较准确，你能吃亏，就能团结人。**团结，是一个人的事，不是大家的事。**没有什么"大家要团结"，甚至"两个人要团结"，这是做不到的。只有一个人去团结其

他人，这就需要他的奉献和领导力。

所以领导者能以礼相敬，以利相让，则整个团队都团结。国君能以礼相敬，以利相让，则全国人民都团结。

一人贪戾，一国作乱。

张居正讲解说："若为君的，不仁不让，好利而取民无节制，背理而行事乖方，则一国之人，也都仿效，而悖乱之事由此而起矣。"

如果那国君与民争利，人民也看见国君一心取利，则全国悖乱，人人唯利是图，温良恭俭让全无，社会风气就不可收拾了。

所以领导者不能怪下面的人不好，都是你自己带出来的。做企业也一样，你若认为公司风气不好，肯定是老板不好。若是公司坏人多，唯一原因就是老板太坏。

其机如此。

机，朱熹注："发动所由也。"张居正注："机关发动处。"

领导就是发动机，所以——

此谓一言偾事，一人定国。

偾，是败坏、破坏。一言偾事，就是一句话说错，就会坏事。

一人定国，张居正讲解说："人君若一身行得好时，便能安定其国。"

切己体察，如果你是一个企业领导、一个部门经理、一个小组组长，那么，这一个公司、一个团队、一个小组的气象，都是你一个人的作派决定的。

其机如此。

清洗词语

原文

尧舜帅天下以仁,而民从之。桀纣帅天下以暴,而民从之。其所令反其所好,而民不从。是故君子有诸己而后求诸人,无诸己而后非诸人。所藏乎身不恕,而能喻诸人者,未之有也。故治国在齐其家。

华杉详解

尧舜帅天下以仁,而民从之。桀纣帅天下以暴,而民从之。

张居正讲解说,帅,就是率、率领。尧舜之为君,存的是仁心,行的是仁政,是以仁率领天下。那百姓看着尧舜的样子,也都被感化,相亲相让,而从其为仁。

桀纣之为君,存心惨刻,行政残暴,是以暴率领天下。那百姓看着桀纣的样子,也都效尤,欺弱凌寡,而从其为暴。

其所令反其所好,而民不从。

如果国君要求大家的,与他自己喜好的东西相反,人民是不会听从的。

领导者是大家的表率,上行下效,是自然的事理,如果人君自己是自私、虚伪、残暴、贪婪之人,却要求人民无私、诚实、仁义、奉献,那人民是不会听从的。

如果老板要求大家为公司奉献,结果却都是奉献给他。而他自己对员工、对客户、对社会、对他人却并没有奉献精神,只是刻薄为己,那员工也不会听从他了。

所以有时我们看别人事业做得很大，老想学，学他是怎么做的，却往往看不到他人格的优点，看不到他对员工的仁义，看不到他对社会的情怀。没有这个，你就不是那人，做不成那事。因为没有仁义，没有情怀，就没有那份心，就没有那个眼光，很多东西你就看不到。而别人却能看透你。

是故君子有诸己而后求诸人，无诸己而后非诸人。

所以君子自己先具备的德行，才要求别人具备。自己先没有的毛病，才要求别人没有。

如果你自己都没做到，却要求别人做到，当你说这些要求的时候，大家看着你，就会觉得你面目可憎、狰狞，人人心里都明白你的无耻，没有人会听你的。

所藏乎身不恕，而能喻诸人者，未之有也。

藏，是存。恕，是将心比心。喻，是口头告诉、知晓、明白。

你自身具有的东西，善或者恶，要将心比心。自家有了这善，然后责成人，劝勉他为善；自家去除了这恶，然后说人不是，使他改正这恶，这就是将心比心，推己及人，就是恕道。如果反过来，你自己不能有善而无恶，你自己就是个恶人，却要责人之善，正人之恶，那就是己身不恕。如果这样居然还能晓喻他人，使人向善，那是绝无此理，"未之有也"。

这里又提出了儒家一个重要的价值观——恕道。

恕，上面一个如，下面一个心，就是如心，就是同理心，就是将心比心，具体表现在两个方面：

一是推己及人，要求别人做到的，自己就先做到；希望别人怎样，自己就先怎样。修身、齐家、治国、平天下，就是推己及人，由近及远，从自己到全世界，这也是恕道。

所以作为领导者，每当你要对大家有所要求时，先要检查一下自己做到没有。如果没有，你就要明白，大家都会在心里鄙视你，你的要求也不可能实现。

二是"己所不欲,勿施于人"。你不希望别人对你做的,就不要对别人做。这一条很重要,我们可能每天都会对别人做一些不希望别人对自己做的事。多想想这一条,警醒一下,就是修身了。

原文

《诗》云:"桃之夭夭,其叶蓁蓁。之子于归,宜其家人。"宜其家人,而后可以教国人。《诗》云:"宜兄宜弟。"宜兄宜弟,而后可以教国人。《诗》云:"其仪不忒,正是四国。"其为父子兄弟足法,而后民法之也。此谓治国在齐其家。

华杉详解

《诗经》道:"出嫁的新娘就像春天的桃花,面庞娇美,枝叶繁盛。这新娘到了夫家,一定使家庭和美。"能使家庭和美,就可以母仪天下,教导国人。

《诗经》道:"做哥哥的能让弟弟感到舒服,做弟弟的能让哥哥感到舒服。"能让兄弟和睦,才可以教导国人。

《诗经》道:"容貌庄重严肃,才可以教导四方。"

为什么治国必先齐家,因为只有我们能成为家族的榜样,我们的所作所为能影响父子兄弟,让他们乐意效法,我们才有可能让天下人效法。如果在家里都没威信,家人都不信服你,你如何服一国之人?家人都不爱戴你,你如何得一国之爱?

这就给我们修身、齐家、治国、平天下提供了明确的指引,每个人都知道该怎么做,从哪儿做起。

以上是传文的第九章,讲齐家治国。

絜矩之道

原文

所谓平天下在治其国者，上老老而民兴孝，上长长而民兴弟，上恤孤而民不倍，是以君子有絜矩（xié jǔ）之道也。所恶于上，毋以使下；所恶于下，毋以事上；所恶于前，毋以先后；所恶于后，毋以从前；所恶于右，毋以交于左；所恶于左，毋以交于右。此之谓絜矩之道。

华杉详解

絜是度量，矩是尺子。絜矩之道，就是规范、示范，就是**你要别人怎么做，你就自己先怎么做**。所以在上位的人孝敬老人，民间就会兴孝道；在上位的人尊敬兄长，民间就会兴悌道；在上位的人抚恤孤儿，人民就不会背叛。

第二层意思是，**你希望他人怎么对你，你就怎么对人**；你不希望别人怎么对你，你就不要这样对人。这里的你和人，不是相互关系，不是你希望A怎么对你，你就怎么对A；而是**你希望A怎么对你，你就怎么对B**。

所以，你不希望上级怎么对你，你就不要那样对你的下级；你不希望下级怎么对你，你就不要那样对你的上级；你不希望在你前面的人给你留下什么手尾，你就不要留手尾给后面的人；你不希望在你后面的人给你使什么手脚，你就不要给前面的人使手脚。

这就是絜矩之道。

朱熹说：如果我不希望我的上级对我无礼，那我就以此来量度我下级的心思，也不敢粗暴地驱使下级。如果我不希望我的下级对我不忠心，我也以此来度量我上级的心思，必不敢对他不忠。至于前后左右的人，都是这样，所以我要把握的原则很简单，而所能推及的范围很广阔，这就是平天下的要道！

举个例子。在我们的经营中，如何能让客户不拖欠我们的款项呢？就是我不要拖欠供应商的款项。因为当你抱怨客户拖欠的时候，你也在毫不在意地拖欠你的供应商。那么，难道你不拖欠供应商，你的客户就也不拖欠你了吗？我们不该这样想，你既然有不拖欠的要求，就要先要求自己。

张居正说：**这就是将心比心，将人比己，体察无不周全；用自己的心态对照来与别人相处，处之无不恰当。**上、下、左、右、前、后，都均齐方正，这就像那匠人做一个方形的器皿，都是用尺子来量好的，没有一条边不是方方正正，所以叫作絜矩之道。

这里我们学到了一个非常重要的道理，人与人之间的关系不是相互的，不是一一对应的，不是"你怎么对我，我就怎么对你"，不是"我希望你怎么对我，我就怎么对你"，而是我希望别人怎么对我，我就怎么对你。**我怎么对你，和我有关，和你无关，因为絜矩之道，是示范给所有人的。**

企业生产管理上强调"不把次品留给下一道工序"，就是这个道理。一个产品经过几十道工序才能出厂，结果出了次品，这问题出在哪道工序呢？要复盘查个底朝天。如果检查次品不是靠完成生产后的最后一道质检工序，而是靠每一道工序的工友，所有人都有强烈的不把次品传给下一道工序的意识，这就是车间里的絜矩之道了。

在社会中，"不给别人添麻烦"就是社会的絜矩之道。在这方面，日本社会有很强的意识。比如，东京街头没有一个垃圾箱，每个人的垃圾都自己带回家处理，这就是所有人都有"不给别人添麻烦"的意识。在日本人的相互交往中，"给您添麻烦了"是经常听到的抱歉。我们都讨厌别人给自己添麻烦，但是却经常随意给别人添麻烦。那马路上乱停车、乱开车的，连自己的命都不顾，你就更别指望他考虑别人了。

当人和人之间起了冲突，所谓"你不仁，莫怪我不义"，这就是不义。因为自己已经决定不义了，必然在其他地方还要收到不义之报。你不仁，那是你的事，而我对你仁义，是我的事，和你怎么对我没关系，因为我对所有人都仁义，我这里只有仁义而已。这就是絜矩之道了。

这里有两条要反复强调一下：

第一条就是人和人之间的关系不是一一相互对应的，而是一个标准对所有人的，在报仇和报恩上面，都是这样。先说报仇：

《论语》记载：

> 或曰："以德报怨，何如？"子曰："何以报德？以直报怨，以德报德。"

有人问孔子："以德报怨，怎么样呢？"孔子回答说："以德报怨的话，用什么来报德呢？要以直报怨，以德报德。"

问题来了，以直报怨，什么是"直"？《论语》里没讲。朱熹注解说，至公而无私就是直。张居正说，"不避私嫌而废夫除恶之公典"就是直，意思是不要自己做好人，去把公家惩罚恶人的法令废了。钱穆说，公平无私就是直。

直，就是该怎样就怎样，你不要"替天行道"，也不要报复过当。

在报恩上，是要感恩，而不要报恩。受了别人的恩，不要当个负担，成天想着怎么报答，这就成了利益交换，老想还人家情。这情，你可不一定还得起。但你要用一颗感恩的心去对社会，对所有人。别人帮助你，是因为别人有能力。当你有能力，你也要去帮助其他人。同样，当你帮助别人时，也要不图回报。求仁得仁，你就已经得到回报了。

第二条呢，是在"仁义"这个问题上，不要太自信，以为自己多么仁义。为什么《心太软》这首歌这么流行呢？就是因为人人都觉得是自己心太软，别人心太黑。这就容易产生"你不仁，莫怪我不义"的心态。但是，所谓的"你不仁"，也只是"我"的一家之言，别人不一定这么看呢！前面讲正心的时候不是讲了吗，"身有所忿懥，则不得其正；有所恐惧，则不得其正；有所好乐，则不得其正；有所忧患，则不得其正"。我们总是被自己的情绪、利欲和好恶所控制，没那么公正。**当你说别人"你不仁"的时候，人家未必真有那么"不仁"，而当你说出下一句"莫怪我不义"的时候，你肯定就是"不义"的了。

上下级之道

原文

《诗》云："乐只君子，民之父母。"民之所好好之，民之所恶恶之，此之谓民之父母。

华杉详解

这是《诗经·小雅·南山有台》的句子。只，是语气助词。这句诗讲的是，君子能絜矩而以民心为己心，则爱民如子，而民爱之如父母矣。

上下级之道，上级对下级，一是要照顾他，培养他，成就他；二是要能驱使他。西点军校对将道有一个要求："心里始终装着下属的利益，并且有能力让对方明白这一点。"你心里始终装着他，就是"民之所好好之，民之所恶恶之"，他喜欢的你也喜欢，他讨厌的你也讨厌，就能将心比心，推己及人地成就他。他也明白你心里装着他，所以就愿意为你所驱使。

原文

《诗》云:"节彼南山,维石岩岩,赫赫师尹,民具尔瞻。"有国者不可以不慎,辟则为天下僇(lù)也。

华杉详解

这句出自《诗经·小雅·节南山》。师尹,是周朝的太师尹氏。辟,是偏僻。僇,同戮,是刑戮。

诗人说:"巍峨南山,岩石耸立。赫赫尹太师,百姓仰望您。"在上位的人,为万众仰望,所有人都盯着你。如果不能行絜矩之道,而好恶殉于一己之偏,则会身弑国亡,造成天下大戮乱矣。

原文

《诗》云:"殷之未丧师,克配上帝;仪监于殷,峻命不易。"道得众则得国,失众则失国。

华杉详解

这句出自《诗经·大雅·文王》。意思是,殷朝在还没丧失民心的时候,也是上符天命的。咱们应该以殷朝作为戒鉴,守住天命并不是一件容易的事。这就是说,得到民心就能得到国家,失去民心就会失去国家。

刘邦和项羽的钱财观

原文

是故君子先慎乎德。有德此有人,有人此有土,有土此有财，有财此有用。

华杉详解

张居正说，观上文所论，**天命人心之得失，都在于能絜矩还是不能絜矩**。可见在上位的君子，最要紧的是修德，是明明德，事事都该谨慎，下格物、致知、诚意、正心、修身的功夫，以谨慎在己之德，不使有怠忽昏昧，则己德克修，而絜矩之本立矣。

有了德，就有了人，有人，就是得众，得到大家的支持拥护，百姓都感化归顺你。

远方的百姓都感化归顺你，那百姓所住的地方，就也归你管辖，这不就成了你的国土吗？这就是"有人此有土"。

有了土地，那土地中所产的诸般货物，自然都来贡献，岂不是有了财？

既有了财，则国家所需的诸般用度，自然足以供给，岂不是有用？

这就是**君德既慎，则民心自归，其得众得国而有财用**的原理。

原文

德者，本也；财者，末也。

华杉详解

德是本，财是末。这又是要我们知道本末先后的道理。前面讲过"物有本末，事有始终，知所先后，则近道也"，**知道什么是根本，什么是原理，什么是底层逻辑，就得道了**。德，就是成功的底层逻辑，就是原理，就是原则。有的人天生有德，生知安行，人人都喜欢他，都愿意帮助他，跟随他，愿意让他好，不愿意看到他不顺利、不开心。这样的人就是心如明镜，"本来无一物，何处惹尘埃"。而普通人呢，就要时刻戒慎恐惧，不能放松自己，保持紧张，尾巴夹紧，"时时勤拂拭，勿使惹尘埃"。

这要看你的"舒适区"在哪里。仁者，天下之广居，居仁行义。如果你的舒适区就是仁德，住在仁德这间大屋子里，那居仁行义就舒服得很！如果你的舒适区是满足自己的私欲，那你要行仁德，就要时刻提醒自己，时刻努力，要对自己有严格的要求。

孔子到了七十岁，才"从心所欲不逾矩"，居仁行义，把仁德作为舒适区了。

原文

外本内末，争民施夺。

华杉详解

争民，是使民争斗。施夺，是教民劫夺。

德是本，财是末。如果颠倒过来，把德看作是身外之物，不思谨慎，而把财看作是自家的，专去聚敛，那百姓看见上位的人如此，便都会仿效，人人以争斗为心，劫夺为务，这都是在上位的人教他的。所以说争民施夺，在财货上不能絜矩的，其危害如此。

《孟子》开篇第一章，就是讲争民施夺的道理。

孟子见梁惠王。王曰："叟！不远千里而来，亦将有以利吾国乎？"

孟子对曰："王何必曰利？亦有仁义而已矣。王曰：'何以利吾国？'大夫曰：'何以利吾家？'士庶人曰：'何以利吾身？'上下交征利而国危矣。万乘之国弑其君者，必千乘之家；千乘之国弑其君者，必百乘之家。万取千焉，千取百焉，不为不多矣。苟为后义而先利，不夺不餍。未有仁而遗其亲者也，未有义而后其君者也。王亦曰仁义而已矣，何必曰利？"

梁惠王问："老人家，你不远千里而来，能给我的国家带来什么利益呢？"

孟子一句话就顶回去了："大王何必说利益，我这里只有仁义而已！您也只需要仁义，不需要利益。如果大王说：'怎样才对我的国家有利？'大夫也会说：'怎样才对我的家族有利？'一般士子老百姓也会说：'怎样对我自身有利？'上上下下，你想从我这儿取利，我想从你那儿取利，那国家就危险了。

"在拥有一万辆兵车的大国，杀掉国君的，必然是有一千辆兵车的大夫。在拥有一千辆兵车的小国，杀掉国君的，必然是有一百辆兵车的大夫。

"一万辆兵车的国家，那大夫就有一千辆；一千辆兵车的国家，那大夫就有一百辆。这都不算少了吧！但如果先利后义，那大夫不把国君的产业全夺去，他是不会满足的！

"从来没有仁者遗弃他的父母的，也从来没有讲'义'的人却对他的君主怠慢的。大王只讲仁义就行了，为什么要讲利益呢！"

孟子讲的道理，其实非常简单，非常清楚。你琢磨别人的利，你手下的人也会琢磨你的利。《论语·季氏》中讲，季孙氏图谋要攻打颛臾，冉有和季路来告诉老师。孔子说："吾恐季孙之忧，不在颛臾，而在萧墙之内也。"季孙氏想得到颛臾城，就找个理由说颛臾对他有威胁，担心颛臾以后会对他不利，但我看，他要担心的不是颛臾，而是他自己那些所谓的心腹！后来呢，果然被孔子说中，季孙氏家臣阳虎作乱，胁迫季孙氏，攫取了鲁国的摄政权。当然，阳虎的权势也没能保持下去，很快也倒台流亡了。

不管干什么事，你一个人是干不了的，总得有人跟你干。如果你仁义，跟你的人也仁义；如果你逐利，跟你的人也逐你的利。所以你的所谓心腹也不可靠。你的心腹之人，正是颠覆你、杀得你的后人片甲不留的人。所以逐利者最重要的，是防着萧墙之内的自己人。

防不防得住呢？

防不胜防。

三千年历史结论很清楚——防不住！

再说这梁惠王，他的先祖建立魏国时，是韩赵魏三家分晋，三个大夫联手灭了他们的主君，把晋国分了。

所以梁惠王和孟子，不是一个逻辑的人，遵守的游戏规则也不一样，鸡同鸭讲，说不到一块儿去。战国七雄都谋利，最终获胜的，是最能谋利的秦国。但秦国的胜利很短暂，二世而亡。人人逐利，天下就这么来回折腾。

程颐把义利之辨的逻辑说得很清楚："君子未尝不欲利，但专以利为心则有害。唯仁义则不求利而未尝不利也。当是之时，天下之人唯利是求，而不复知有仁义。故孟子言仁义而不言利，所以拔本塞源而救其弊，此圣贤之心也。"

意思是，**君子未尝不想得到利益。但是如果你一心想着利益，眼里只盯着利益，那就对你有害。行仁义，不求利，未尝不得利。**在当时，天下之人都利欲熏心，所以孟子只讲仁义，不讲利益，拔本塞源，以救时弊，这就是孟子的圣贤之心。

今天也是一样，**如果一个公司，成天开会研究"怎么能挣钱"，那真不知道这钱从哪儿挣！所有的生意都能挣钱，你都去做吗？**你到底是干啥的？你对社会有什么用？你准备贡献什么出来？讲利益不讲仁义的人，他无论入到哪一行，都会觉得入错行了，因为都没有别的行业赚钱，所以他老转行，最后一辈子什么也干不成，饭都吃不上。

如果一个老板，在公司会议室谈及顾客的时候，言语轻佻，没有尊重，只跟大家研究怎么挣顾客的钱，而不是如何行仁义，让客户得到超值的回报，那么他的员工，也会研究怎么侵占公司利益，不会好好干活。

敬神，如神在。敬顾客，也是一样。在公司开会讨论客户项目，要像顾客就坐在我们公司的会议室一样，非常尊敬；到客户公司开讨论会，也要像在自己公司内部讨论一样，直来直去，没有差别。这，就是仁义。在公司会议室骂客户，到客户会议室装孙子，这就是逐利。

一心逐利，就是心术不正。作为领导者，你的心术不正，你的公司上上下下就没有一个地方正得了！**凡是利益集团，都没有共同利益，都是各为其利，随时相互背叛。只有理想集团，才有共同愿景。**

《大学》里讲，诚意、正心、修身、齐家、治国、平天下，孟子希望先给梁惠王正心，心不正，一切无从谈起。

原文

是故财聚则民散，财散则民聚。是故言悖而出者，亦悖而入；货悖而入者，亦悖而出。

华杉详解

所以，**财聚民散，财散民聚。**

钱重要还是德重要，对着书本的时候道理都清楚明白，对着钱的时候，视线就模糊了。贪念一起，什么道理都灰飞烟灭。不该取的钱不取，还相对容易做到，到自己手的钱要分出去，那是万箭穿心，痛不欲生。

项羽就是这样的人。

刘邦曾经问韩信：你怎么不跟项羽，跑来跟我呢？项羽是什么样的人啊？

韩信说："项王见人恭敬慈爱，言语呕呕，人有疾病，涕泣分食饮，至使人有功当封爵者，印刓（wán）敝，忍不能予，此所谓妇人之仁也。"意思是，项王是一个恭敬慈爱的人，说话和气。士兵生病，他能关心落泪，把自己的食物分给他改善伙食营养。但是，当别人有功劳，该加官进爵封赏钱财的时候，他就受不了了。印刓敝，这三个字非常形象！刓，就是刻。给人家的官印刻好了，他却舍不得给出去，因为给出去之后，下个月就要给人加工资啊！于是他就把那印抓在手上，磨蹭啊磨蹭啊，印角都磨光了磨破了，还没给出去！

韩信把项羽损得够呛！不过，刘邦确实是财散人聚的模范，而项羽是财聚人散的典型。最后，项羽的人要么投奔了刘邦，如韩信；要么被刘邦买通做了间谍，比如项羽的叔叔项伯，项羽死后，项伯被封侯，赐姓刘。

要想公司兴旺，老板就要不爱钱，肯分配，不能说"以后公司好了，一定让大家过上好日子"，而是要"先分钱"，在一开始就有分配机制。

下两句"言悖而出者，亦悖而入；货悖而入者，亦悖而出"，这里的"悖"是违背、不合理，"言"是言语，"货"是财货。**你将不讲道理的话加之于人，别人也会用不合道理的话回敬你；你的财货来路不明，也就会不明不白地失去。**

这两条我们应该有很多体会。当别人对你言辞不逊的时候，你想一想，多半是你之前哪句话刺伤了他，是你自己的作用力带来的反作用力。所以，我们随时都要警醒，不要"言悖而出"，不要给自己制造敌人。

防止"言悖而出"很难，拒绝"货悖而入"就更难了，好在一般人没有"货悖而入"的机会。不过，你去看那些倒台的富豪，多是因为"货悖而入"。如果是自己踏踏实实经营挣的钱，就不会一夜成空。可当财货本身就是巧取豪夺得来，是"财悖而入"的，又不小心"言悖而出"，触发了祸机，这样就会"财悖而出"了。

人间国宝

原文

《康诰》曰:"惟命不于常。"道善则得之,不善则失之矣。

华杉详解

前面说,君子要先慎乎其德,则有人、有土、有财用,这是能絜矩的;而外本内末,悖入悖出,是不能絜矩的。接下来又是引经据典,反复叮咛。

先引用《康诰》的话:"天命或留或去,是不会始终常在的。"这就是说,行善便会得到天命,不行善便会失去天命。

我们不把这天命拿去衡量皇上,只衡量我们自己。**所有的成功者,都算是得了天命,但是,**如果没有儒家的戒慎恐惧、保持正心诚意、警醒努力,那就很容易被顾客、被市场、被时代抛弃。

我们想要什么呢?最基础的是想要安全,然后呢,想要领先。但是,惟命不于常,无论是安全,还是领先,都不是一劳永逸的,都需要不断地获取,一松劲就没了。

原文

《楚书》曰:"楚国无以为宝,惟善以为宝。"

华杉详解

《楚书》说:"楚国没有什么是宝,只是把善当作宝。"

楚国之宝的故事是,在春秋时,晋楚两国最强,相互攀比夸富,楚国大夫王孙圉出使晋国,晋国赵简子问他:"你们楚国的白珩(héng,一种玉器)不错呀!其他还有什么国宝呀?"

王孙圉昂然对着简子道:"白珩不是什么国宝。楚国人引以为国宝的,不是金玉珠饰,而是有德之人。比如观射父,他善于辞命,出使四方,能使各诸侯敬重我国。还有左史倚相,他善于祝史,使上下鬼神无有怨痛于楚国。这便是楚国之宝了。要说白珩,只是先王的一个小玩具,算不上什么宝焉。哗嚣之美,在楚国不算宝。"这一席话把赵简子说得垂头丧气,默默无言。那王孙圉也是楚国之宝了。

原文

> 舅犯曰:"亡人无以为宝,仁亲以为宝。"

华杉详解

舅犯说:"流亡在外的人没有什么是宝,只是把亲族仁爱当作宝。"

舅犯是晋文公的母舅,名狐偃,字子犯。当初晋文公重耳避骊姬之难,逃亡在外,所以叫亡人。到了秦国时,他的父亲晋献公薨逝,秦穆公劝重耳兴兵回国夺位。舅犯对晋文公说:"我们流亡在外的人,不以富贵为宝,以爱亲为宝。如果亲人去世,家里都在办丧事,咱们没有哀伤思慕之心,却兴兵去争国,便是不爱亲了,虽得国,不足以为宝。"所以晋之所宝,不在于得国而在于仁亲,这也是不"外本内末"的意思。

嫉贤妒能是公司最大的恶

原文

《秦誓》曰："若有一介臣，断断兮无他技，其心休休焉，其如有容焉。人之有技，若己有之，人之彦圣，其心好之，不啻若自其口出，实能容之，以能保我子孙黎民，尚亦有利哉。人之有技，媢疾以恶之，人之彦圣，而违之俾不通，实不能容，以不能保我子孙黎民，亦曰殆哉。"

华杉详解

《秦誓》是秦穆公告诫群臣的语录。断断，是诚恳的样子。技，是才能。休休，是平易宽宏的样子。彦，是俊美。圣，是通明。媢疾，是妒忌。违，是拂逆。殆，是危殆。

曾子认为，**平天下之道，要紧之处**，在于在上位者能不以好恶喜乐为偏倚，能公正地进用贤能之才。**而要贤才能得以进用，则必须有一干好大臣**，付之以进退人才之任。而不是用那嫉贤妒能者，阻断了人才进身之阶。所以，这里引用秦穆公告诫群臣的话说：

"如果有这样一位大臣，他真诚纯一，不逞一己之能，平易正直，宽宏大量，能容受天下之善。别人有才能，他真心喜爱，就如同他自己有一样；别人德才兼备，他心悦诚服，不只是在口头上表示，而是打心眼里赞赏。这等的人，着实能容受天下之贤才，没有虚假，若用他做大臣，将使君子在位，展布施用，把天下的事，件件都做好。这样，必能保我子孙，使长享富贵；保我百姓，使长享太平！

"相反，若是个不良之臣，总要逞自己的本事。别人有本领，他就妒嫉、厌恶；别人德才兼备，他便想方设法压制、排挤，无论如何容忍不得，就怕别人强过他！用这种人，不仅不能保护我的子孙和百姓，乱亡之祸，可能就由他而起！"

诚意、正心、修身、齐家、治国、平天下，这就是用人的诚意正心之学。

妒嫉是人性的大弱点，妒火烧起来的狠劲，比真正的深仇大恨还狠。嫉贤妒能，是一个组织、一个企业里最大的毒瘤。

为什么在公司用人上，要强调德与才的比较？德的关键不在于不干坏事，因为干坏事的毕竟是少数，德的关键就是不嫉贤妒能。如果一个人很有才干，但见不得别人比他有本事，那么你用他就只能得他一人之才。如果一个人自己没什么才干，但善用他人之才，则你用他能得天下之才，这才是子孙之福。

为什么说德者在上，贤者在侧，能者在下？因为一个能者在上，可能只逞他一人之能，还阻挡不让别人逞能。而一个德者在上，才能让所有人都逞能。

但是，可别以为只有管理人员会嫉贤妒能，老板妒嫉下属才干的，也不在少数。三国时的袁绍就是一个。官渡之战前，田丰跟他说这仗不能打，他就把田丰投进大牢，说："等我得胜回来处置你。"结果真的大败。狱卒便去恭喜田丰，说主公知道您是对的了，回来一定会释放您。田丰说："你不了解主公，他若得胜，心情愉快，我可能还能活命；他若失败，没脸见我，一定杀我。"袁绍果然把田丰杀了。

刘邦和袁绍遇到过一样的事。刘邦要攻打匈奴王冒顿，娄敬说不能打，刘邦也是把他投进了大牢，说："等我得胜回来处置你。"结果中了白登之围，差点没能回来。而刘邦回来之后，就赦免了娄敬，并封他为关内侯，食禄两千户。这就是刘邦和袁绍的区别。

美国伟大的企业家亨利·福特，也留下嫉贤妒能的污点。虽然亨利已成为企业家神话，将工人工资提到5美元/小时，创造了美国中产阶级。不过德鲁克说，这些伟大决策，都是他的总经理作出的，他都是反对无效被迫同意的。这总经理太伟大了，福特妒嫉得受不了，终于把他弄走了。从此福特汽车就一蹶不振，一直到老福特的孙子接班才恢复。

妒嫉是人性的大弱点，每个人都有。怎么破呢？要多读圣贤书。曾国藩说，读书能转人之性，甚至能改变人的骨相。

孟子说："君子莫大乎与人为善。"**君子之德，最高境界就是善与人同，不追求"自己的东西"，善为天下公，无我无他，与人为善。**我们来看看《孟子》的原文：

> 孟子曰："子路，人告之以有过，则喜。禹闻善言，则拜。大舜有大焉，善与人同，舍己从人，乐取于人以为善。自耕稼、陶、渔以至为帝，无非取于人者。取诸人以为善，是与人为善者也。故君子莫大乎与人为善。"

这里讲德行的三个境界：闻过则喜、闻善则拜、与人为善。

子路在第一个境界，闻过则喜。子路是勇于自修自正的人，心里唯恐自己有什么错误，自己不却知道，所以有人给他指出来，他就特别高兴，欣然接受，心里很感激，庆幸可以改正。

大禹在第二个境界，闻善则拜。他是不自满的人，心里唯恐有什么善言不知道，有什么该做的事还没做，所以一听到善言建议，就肃然拜受，心里很感激，庆幸可以去做。

但是，子路之喜，是盯着自己身上找问题，还未能忘我；大禹之拜，是看见善言善行在别人身上，还未能忘人。至于大舜，其境界就大于子路和大禹，他认为，善是天下公共的道理，不是一人之私物，所以既不把它当成自己的，也不把它当成别人的，而是与人共有其善，同行其善。如果看见自己的做法不好，而别人的好，就马上舍己从人。

大舜的境界，就是《秦誓》里秦穆公想要的境界了，**看见别人身上的本事，就好像自己有本事一样高兴。因为那本事，既不是别人的，也不是自己的，而是国家的，公共的，赶紧给用上！**

我们公司任何人有本事，那都是公司的本事。公司的本事，不就是我们大家的本事吗？所以，没有什么我的、他的之分。

舍弃自己的思想，吸取别人的做法，完全没有一丝一毫的勉强，人己两忘，形神俱化，这就叫善与人同。

这里很关键。我们爱听的，都是"与众不同"，都要做一个与众不同的人。学人家一点东西，非要把它"消化吸收，变成自己的东西"，夸一个人有学问，就会说他"有自己的东西"。

这就是病，就是病根，见不得别人，忘不了自己。

大舜把这个问题说透了，善为天下公。**一件事情，只有一个道理，正确答案只有一个，你接触到了，总是从别人身上接触到的，那就马上去做，别把它当自己的或者别人的，和他一样去做就是了。**

大舜从种庄稼、制陶器、打鱼到成为天子。他做农民，做陶工，做渔夫，做天子，没有一件事不是跟别人学的。取人之善，为之于己，这就是"与人为善"。

这里要厘清一个重大误解，另一个"词典错误"——**与人为善，不是对别人好。与，是"善与人同"的"与"，看见别人有好的思想、好的做法，我马上向他看齐，和他一样。**圣人之心，至公至虚。至公，则善为天下公，他身上这善，也不是他的私物，而是天下公共的道理，我取之有理。至虚，则人己两忘，我既不羞耻自己怎么跟他学，也不觉得学的是他的，我只是在他这里发现了天下公共之善，也为天下行这公共之善。

人常犯的毛病，是以聪明自用，经常夸人说："我看得上的人，还真不多！您算是一个！"或者说："我这个人很少服别人的！但是对您，我是真服！"这话就是毛病，既不能忘我，又不能忘人，这样的人，就不能与人为善了。什么叫"服"？就是心里时刻都装着一颗"胜心"，认一回"输"，弄得跟过年似的，要纪念一下。

孟子说，君子莫大乎与人为善，君子之德，没有比与人为善更伟大的了。要去除私心、胜心、妒忌心，无私无我，诚意正心。

敢于得罪人，才是君子

原文

唯仁人放流之，迸诸四夷，不与同中国。此谓唯仁人为能爱人，能恶人。

华杉详解

碰到这种嫉贤妒能的人，对国家危害最大，有仁德的人必深恶而痛绝之，把他们驱逐，流放到四夷，不让他们居住在国中。因为对这样的人要严加防范，不是你简单地不用他就行了。他会造谣结党，倾陷害人。所以一定要把他撵走，撵得越远越好。这就是孔子说的仁者的"好恶之道"。

《论语》里记录了孔子的这句话："唯仁者能好人，能恶人。"

意思是，只有仁者能真心地喜欢某人，能真心地厌恶某人。或者说，能帮助人，也不怕得罪人。

好恶之心，人人都有。但是自己先有了私心，好恶也不得其正。因为有所谋求，或有所顾虑。喜欢的，不敢表白；厌恶的，假装附和。

我们为什么老说做人太累,是因为自己有了私心,有了谋求顾忌,那就累了。无欲则刚,无求则乐,少一分私心,多一分自由快乐。

仁德之人,对于喜欢的,必会发扬光大,光明正大地喜欢;对于厌恶的,必是希望人人厌弃,要拿麦克风表达自己的厌恶。

所以说仁者必有勇。心中有了仁,有了价值观,就对世界有了要求,也有了勇气。

钱穆说,**如果人人都能明明白白拿出一颗仁德之心,把自己的好恶直接表达出来,则人道自臻光明,风俗自臻纯美,人群形成一正义快乐的人群,而恶不能留存。**

反过来,那不仁之人,心所喜,不能好;心所厌,不能恶。连好恶都不得其正。慢慢地,心就退化了,良知也退化了,勇气没有了,心气都没有了,觉不出好恶,觉不出是非,就变得没有人格。

能把自己的好恶说出来,也是正心,好恶得其正。

如果看见坏人坏事,连说出来的勇气都没有,甚至假意附和,做好好先生,这就是孔子说的"德之贼"。

子曰:"乡愿,德之贼也。"

孔子最最痛恨的人——乡愿。乡愿,就是好好先生,到什么山唱什么歌,见人说人话,见鬼说鬼话,不人不鬼说神话,跟谁都亲热,都能说到一块儿,跟谁都立场观点一致。但是,人们的立场观点总是不一致的,如果他跟谁都一致,那他一定是两面三刀,欺骗了其中一些人,或者欺骗了所有人。

一个正常人,他总是要表达自己的主张,顺着自己的心意,找到自己的同类。物以类聚,人以群分嘛!如果一个人,他对谁都附和,对谁都取悦,跟谁都一致,他肯定有所图。他图什么呢?无非是欺世盗名谋利。

《论语·子路》中说:

子贡问曰:"乡人皆好之,何如?"子曰:"未可也。""乡人皆恶之,何如?"子曰:"未可也。不如乡人之善者好之,其不善者恶之。"

乡里人都喜欢他,如何?不如何!

乡里人都厌恶他,如何?不如何!

最后孔子说,不如乡里的好人都喜欢他,乡里的坏人都厌恶他。

一个人,他应该立场坚定,形象鲜明,表里如一,一以贯之,始终不变。这样,与我志同道合者,我们一起来;与我道不同者,我们敬而远之,这才叫个人。见谁都想取悦,或者色厉内荏,有利必趋,有害必避,只要有利益他就能妥协,那就是小偷,是骗子。孔子说,德之贼也,那就是贼。

用人黜人,都要快

原文

见贤而不能举,举而不能先,命也。见不善而不能退,退而不能远,过也。

华杉详解

命,郑玄注解说,这里当作"慢"。

贤人能利国家。在上位的人,如果不知道他是贤人也就罢了,但明知道他是贤人,却不能举用;或者虽然举用,又迟疑延缓,不能早先用他,这就是以怠忽之心待贤人了。岂不是慢?

不善之人,妨贤病国,去之不可不远也。如果在上位者不知道他的恶，也就算了，但明知道他是不善的人，却不能退黜；或者虽然退黜，又优柔容隐，不能退得远远的去，那就是以姑息之心待恶人了。岂不是过？

对贤能的人任用要快，不要怕用错，因为你很谨慎地选出来的人也可能会错。你也不要觉得他还不成熟，你把担子给他挑上，他就成熟了。人的成熟，不是等来的，而是在挑战中练出来的。你也不要觉得他还稚嫩，气势还不够，钱是英雄胆，你多给他钱，他就气宇轩昂了。

反过来，对害群之马的罢黜也要快。因为他妨贤病国，不是他一个人的问题，还会把其他人带坏，或者让贤者气郁。这个智慧是黄帝的典故，出自《庄子·杂篇·徐无鬼》：

> 黄帝将见大隗乎具茨之山，适遇牧马童子，问涂焉，曰："若知具茨之山乎？"曰："然。""若知大隗之所存乎？"曰："然。"黄帝曰："异哉小童！非徒知具茨之山，又知大隗之所存。请问为天下。"小童曰："夫为天下者，亦若此而已矣，又奚事焉！"小童辞。黄帝又问。小童曰："夫为天下者，亦奚以异乎牧马者哉？亦去其害马者而已矣。"黄帝再拜稽首，称天师而退。

黄帝到具茨山去拜见大隗，正巧遇上一位牧马的少年，便向牧马少年问路，说："你知道具茨山吗？"少年回答："知道。"又问："你知道大隗居住在什么地方吗？"少年回答："知道。"黄帝说："这位少年，真是了不起啊！不只是知道具茨山，而且知道大隗居住的地方。请问怎样治理天下？"少年推辞不说，黄帝又继续追问。少年说："治理天下的人，与这牧马的人有什么两样呢？也是去掉其中的害群之马罢了。"黄帝听了叩头至地行了大礼，口称牧童"天师"而退去。

用人黜人，都要快！

好恶之道

原文

好人之所恶，恶人之所好，是谓拂人之性，灾必逮夫身。

华杉详解

前面说，仁人能爱人，能恶人，是尽絜矩之道的；见贤不能举，见不善不能退而远，是不尽絜矩之道的。这里接着说，那谗邪乱政之人，是人所共恶的，本该退而远之，却因为他能投我所好，满足我的私欲，反而去信用他，这便是好人之所恶；那尽忠为国的善人，是大家都喜欢的，本该举用他，却因为嫌弃他拂逆自己的私欲，反而疏远他而不用，这便是恶人之所好。好恶本是人的天性，大家都喜爱的，你却厌恶；大家都厌恶的，你却喜爱，这就是违背了人的本性，违背了人性，就失了人心，失了人心，就丢了天命，将见丧家败国，灾害必及于其身。

张居正说，这就是前面讲的"辟则为天下僇也"。好恶是人君最要紧处，如果好恶不公，举措失当，不仅民心不服，而且那爱民的好人都会被撵走，害民的奸臣却都在位，天下将受无穷之祸。祸既流布于天下，怨必归之于一人，这人就成了独夫民贼，这是自然之理。

在上位者，要特别注意自己的好恶。因为你周围的人都会研究你的好恶，迎合你的好恶。如果你的好恶不得其正，则奸邪之臣围拢上来，忠义之士排挤出去，整个组织就烂掉了。全体员工都会把怨恨归结于你，你却还不知道。

《管子》中记录了管仲的话："凡民从上也，不从口之所言，从情之所好者也；故上之所好，民必甚焉。"下属跟着领导走，不看领导嘴上说什么，而是观察琢磨领导喜欢什么。凡是领导喜欢的，下面的人必然加倍喜欢。

《礼记·缁衣》：

> 子曰："下之事上也，不从其所令，从其所行。上好是物，下必有甚者矣。故上之所好恶，不可不慎也，是民之表也。"

孔子说：下面的人跟着上面的人做事，不是服从于上面的人发号施令，而是信服其实际言行。上面的人喜欢这样东西，下面的人一定更喜欢。因此，上面的人对于喜欢与不喜欢，不可以不慎重，因为这是民众的表率呀。

所谓"不怕领导讲原则，就怕领导没爱好"。领导的爱好，就给奸邪之人带来了机会。孟子说，有两种奸邪之人，长君之恶与逢君之恶。长君之恶其罪小，逢君之恶其罪大。

长君之恶，是助长国君的恶性，所谓助纣为虐。不过，孟子说，长君之恶，那还算是小罪，因为他只是不敢违抗君主，或不舍得因违拗而失去权位，于是就听命行事。而逢君之恶，才是大罪。什么是逢君之恶呢？朱熹说："君之恶未萌，而先意导之者，逢君之恶也。"那国君本来没想到要去干的坏事，他引诱国君去干。或者国君虽然想干，但还不敢干，不好意思干，因为毕竟良知未泯，知道那样不应该。而这时候，有奸恶之臣加以逢迎，给国君找出理论依据，帮助他自欺欺人，让他毫不顾忌地去干。这才是最坏的家伙。

子曰："知之者不如好之者。"又说："吾未见好德如好色者也。"人**是有理性的，但归根结底是感性的，管理自己的好恶，修养自己的好恶，**

改变自己的好恶,这就是功课。还有存天理、灭人欲,天理是不舒服的,而人欲是舒适区,等到了从心所欲不逾矩的境界,就是好恶得其正了,舒适区和天理区就重合了。

忠,是发自内心尽心尽力

原文

是故君子有大道,必忠信以得之,骄泰以失之。

华杉详解

君子,是在上位的人。君子要有大道,这大道,是指居上位而修己治人之道,就是絜矩之道。忠信和骄泰呢,朱熹讲解说:"发己自尽为忠,循物无违谓信。骄者矜高,泰者侈肆。"

发己自尽的发,是发自内心;自尽,是尽心尽力,毫无保留,不遗余力,这就是忠。在讲忠恕之道时,朱熹也说过:"尽己之心曰忠,推己及人曰恕。"我们对人忠不忠呢?替人办事时,说"我尽力而为",基本就是有所保留,做到哪儿算哪儿,不准备尽力。**一定要尽心,才算真正的竭尽全力,尽心尽力,这才叫忠。**

曾子的三省:"吾日三省吾身,为人谋而不忠乎?与朋友交而不信乎?传不习乎?"这里的为人谋而忠,就是要尽心尽力,不仅下对上要忠,上对下也要忠,因为你也是为大家谋一个前途,谋一个美好生活啊。传不习乎?意思是,老师教的,练习了吗?今天读圣贤书讲忠信,也不可轻飘飘地翻阅而过,而是要放在自己身上练习,我对上对下,忠不忠?信不信?对客户,对供应商,忠不忠?信不信?怎么改进?

张居正讲解说：人之好恶，之所以有公私不同，是因为其存心不同。君子的絜矩之道，也是要看他存心如何。如果他忠以尽己而不欺，信以循物而不违，则一心之中，浑然天理，于那好恶所在，才能以己及人而不差，推己及人而各当，这便得了絜矩大道。仁人之所以能爱人，能恶人，能为民之父母，道理就在这儿。如果反过来，骄傲而矜夸自尊，舒泰而恣意纵侈，则一心之中私意障塞，于那好恶所在，不仅不肯和大家相同，而且任己之情，拂人之性，就流于偏僻了。

这里的骄泰，是只管自己舒服，这样就会从舒适到放松，从放松到放肆，从放肆到自欺欺人，无所顾忌了。而好恶之道，就是和大家一起舒服。

修身之道啊，就是要你戒慎恐惧，时刻警醒，走出自己的舒适区，走进家人的舒适区，走进全公司员工的舒适区，走进全国人民的舒适区，走近全世界人民的舒适区。什么时候修养成了，就是生知安行，从心所欲不逾矩，居仁行义，舒适区和天理区重合了。

亚当·斯密羡慕中国什么

原文

生财有大道，生之者众，食之者寡，为之者疾，用之者舒，则财恒足矣。

华杉详解

疾，是急忙。舒，是宽裕。

朱熹注解说："国无游民，则生之者众；朝无幸位，则食之者寡。不夺农时，则为之者疾；量入为出，则用之者舒。"

张居正讲解说：财用是国家百务所需，应当年年有余，以供国用。货财皆产于土地，如果务农者少，则地力不尽，货财如何能得到生产呢？所以必须严禁那游惰之人，让他们都去务农。这就是生之者众。

凡官员的人役俸禄，都出于百姓的供给，若冗食者多，则钱粮未免虚耗，必将那冗滥的员役裁革了，只有紧要不可省的地方才存留，则冗食者少，百姓易于供给。这就是食之者寡。

国家有事，要征派徭役，但要放在农闲的时候，如果不能使民以时，正在农忙的时候却要他们去干工程，就把农事耽误了。所以要轻省差徭，禁止不必要的工作，纵然有非用民力不可的时候，也放在农闲时节，使百姓能及时去田作。这就是为之者疾。

财用出入，当有定规，必须算计一年的产出，来计划一年的预算开支。而且要善于储蓄，在三年之中，要积蓄出一年的用度，九年之中，要积蓄出三年的用度，愈积愈多，使常有宽裕。这就是用之者舒。

如此，生之者众，则有开财之源，其收入就无穷无尽地增长；用之者寡，则有节财之流，其用度就有限。民间并不为税收的聚敛所困，而政府也始终有充足的国库，常用常足。

张居正说：这是经国久远的规模，非一切权宜小术可比，所以谓之大道也。

亚当·斯密在《国富论》里，很羡慕中国没有长子继承制。当时欧洲的家族，都是长子继承制，长子继承一切土地和财产，小一点的孩子就要自己去当兵或找工作。长子继承制有什么缺点呢？就是一人拥有大片的土地，这样他对土地的产出效率就不那么关心了，他会留出大片土地供游猎赏玩之用，而不是把土地都开垦为田地。而他的身边，也必然聚集一大批清客耍友，都是陪他玩，靠他的赏赐养活的。他们这一大批人，都不事生产，全是国家的蛀虫。所以，土地一定要分为小块，分田到户，让每个家庭都有一块土地来养活，每个家庭都有动力去尽其地力人力，这样国家才能富裕。而中国正是这样的。**亚当·斯密说，中国政府和百姓，都有巨大的动力去提升地力，政府组织改进灌溉和农业基础设施，百姓家家户户勤劳耕作，所以中国比我们整个欧洲还富裕。**

张居正对此讲得比较具体，主要有两条。

一是对游民的态度，不事耕种，又没有正当职业、固定工作的，就是游民。朱元璋甚至说："若有不务耕种，专事末作者，是为游民，则逮捕之。"所以中国社会少有失业问题，如果你游手好闲，于国于家都是罪，总有土地给你开荒种地。等到土地兼并愈演愈烈，失地农民越来越多，"游民蜂起"，这时就该天下大乱了。

二是讲储蓄的标准，三年存一年。《礼记·王制》说："国无九年之蓄曰不足，无六年之蓄曰急，无三年之蓄曰国非其国也。"

民间谚语说："家无三年之积难成其家，国无九年之积难成其国。"所以国家储蓄的标准是"九年之储"。《淮南子·主术训》说："十八年而有六年之积，二十七年而有九年之储。"这就是中国的储蓄传统。

生财之道

华杉详解

我们继续来解读这句话：

> 生财有大道，生之者众，食之者寡，为之者疾，用之者舒，则财恒足矣。

生财有大道，首先要搞生产的人多，吃皇粮的人少。张居正说，就是要禁止游惰之人,让他们都去搞农业生产;裁革冗官,只存留紧要不可省的。为之者疾,就是少派政府徭役,特别是不要安排在农忙时节,让农民及时耕种。用之者舒,是搞好财政预算,量入为出,并每年积蓄,这样就会越来越宽裕,财用始终充足了。

发财与发身

原文

仁者以财发身,不仁者以身发财。

华杉详解

"恭喜发财"的"发财"一词,出处就在这里了。**圣人之训,是要大家发身,不要发财。**可大家听完圣人的话,"发身"这词根本没传下来,"发财"倒是深入人心,千年不朽。有意思不?

朱熹注解说:发,就是起。仁者散财以得民,不仁者亡身以殖货。

张居正讲解说:发,是兴旺生发的意思。仁德之君,知道生财的大道,只要使百姓富足,不要把利益都给在上位的人,这样就天下归心,而安处富贵崇高之位,这便是舍了那货财,去发达自己的身子。不仁之君,不知道生财的大道,只顾聚财于上,不管百姓贫苦,这样就天下离心,有败国亡身之祸,这便是舍着自己的身子,去生发那财货。以财发身是本,而民心既得,未尝无财。以身发财者,那财本来是为了供奉自己的身子,最后却导致丧身,那财又拿来何用呢?这简单的利害关系,难道还看不明白吗?

财散则人聚,财聚则人散,这人人该都"知道"吧?

其实不然,只有很少很少很少的人知道。用王阳明的话说,你只是知道有这说法，却没有知行合一，这并不是真知道。你只有散过财，聚过人，你才能知道。

以我的观察，那些做到财散人聚的企业家，其实也不是计算得多么精密，要散多少财、聚多少人，而是一种天性，一种情怀，就愿意为他人创造幸福生活。

孔子说："知之者不如好之者，好之者不如乐之者。"

孟子曰："君子有三乐，而王天下不与存焉。父母俱存，兄弟无故，一乐也；仰不愧于天，俯不怍于人，二乐也；得天下英才而教育之，三乐也。君子有三乐，而王天下不与存焉。"

孟子的三乐，一是阖家欢乐，二是问心无愧，三是得天下之英才而教之。他虽然到处讲王道，但王天下之乐，还不在他的三乐里面。

那么，企业家之乐呢？熊彼特在《经济发展原理》一书里提出了企业家这个概念，也提出了企业家理论，讲了企业家精神，其中讲到了**企业家的三大快乐**：

一是成功的快乐。企业家"存在有征服的意志，战斗的冲动，证明自己比别人优越的冲动，他求得成功不是为了成功的果实，而是为了成功本身"。利润和金钱是次要的考虑，而是"作为成功的指标和胜利的象征才受到重视"。

二是创造的快乐，企业家"存在有创造的欢乐，把事情做成的欢乐，或者只是施展个人能力和智谋的欢乐。这类似于一个无所不在的动机……企业家寻找困难，为改革而改革，以冒险为乐事"。企业家是典型的反享乐主义者。

三是自己建立一个理想国的快乐。企业家经常"存在有一种梦想和意志，要去找到一个自己的王国，常常也是一个王朝。对于没有其他机会获得社会名望的人来说，它的引诱力是特别强烈的"。这第三个快乐，就是给全体员工创造幸福生活。

这样的人，就是真正的企业家。

我自己对财散人聚、以财发身的体会，就是我经常讲的一句话："把利润降下来！"

什么意思呢？一个企业利润太高，就存在三个问题：

一是吸引竞争对手进入你的领域，钱多人少速来。

二是对员工分配不足。你多分一点钱给员工，不就没那么多利润了吗？

把第一个问题和第二个问题叠加，结果是什么？就是优秀的员工会出去自己干。你的公司会分裂出很多家新公司。

三是对未来投资不足。利润很高，证明你有创新，有创新垄断。而熊彼特说了，一切创新垄断都是短暂的，别人很快就会学习，会赶上来，然后你就只能获得一般利润了。所以，在你有高利润的时候，要将钱大笔投入未来新的创新研发。

总之，钱不能留。要么分配，要么投资，不能做守财奴。这就是以财发身。

一般人对企业的理解，都说企业是追求利润最大化。德鲁克说：认为企业是追求利润最大化，是对企业的误解。恰恰相反，与其说企业追求的是利润最大化，不如说企业追求的是利润最小化。为什么呢？因为利润是企业投入竞争的资源，企业会把利润全数投入到竞争中去，否则怎么会打价格战呢？

那么，企业追求的是什么？**德鲁克说，企业经营的追求，就是继续经营而已。**

什么叫继续经营？就是永续经营，基业长青，永不出局，这就是企业的最高追求，也是最难的目标，最大的成功，永恒的王朝。

追求利润最小化，就是以财发身。

德鲁克为什么要苦口婆心地讲这个问题？他说，由于人们认为企业逐利，追求利润最大化，导致针对企业家的公共政策出现了偏差，出现对企业不公平的政策,所以德鲁克如此为企业说话。

今天中国一些知名企业家的话,也成了娱乐谈资。比如马云说他对钱不感兴趣,刘强东说钱不能带来快乐,大家都说他们的话气人。不过,他们的话也是发自内心的。金钱当然能带来巨大的快乐,但是,他们过了那个阶段,忘记了金钱的快乐,他们追求的都是熊彼特所说的三大快乐。以身发财,是当年的小目标;以财发身,才是今天的大目标。

利害利害,利就是害,君子以利为害

原文

未有上好仁而下不好义者也,未有好义其事不终者也,未有府库财非其财者也。

华杉详解

朱熹注解说:上好仁而爱其下,则下好义以忠其上,所以事必有终,而府库之财无悖出之患也。

张居正讲解说:终,是有始有终的终,是成就。君之爱民,是仁。民之忠于上,是义。上不好仁,则下不好义,这种事是有的。但是,如果君上轻徭薄赋,节用爱民,使百姓都各得其所,则百姓都感激爱戴君上,如人子之于父母,手足之于腹心,各输忠诚以自效,没有不好义而忠其上者。

下不好义,未免有不能终君之事。如今下既然好义,则办事分明,而爱戴之情切,把君上的事,就如自己的家事一般,皆为之踊跃趋赴,尽心竭力以图成,这样,就没有有始无终的事,事事都有成就。

下不好义而人心离畔,固然有不能保其府库之财者,如今下既然好义，而民供给于上，君安富于上，把府库的财货就如自家财货一般，皆为之防护保守，而长保其所有。这就没有争夺悖出之事。

下之好义而能忠于上者，其效如此，而且都是由上之好仁带来的。那么，为人上者，能不以有志于仁为要务吗？

上行下效，加之物以类聚，人以群分。你是什么样人，你的属下就是什么样人。上好仁以爱其下，则下好义以忠其上，所以事必有终。

没有人会因为轻财好义而失败，你也不用担心你的钱散出去了，就非你所有了。

原文

　　孟献子曰："畜马乘不察于鸡豚，伐冰之家不畜牛羊，百乘之家不畜聚敛之臣，与其有聚敛之臣，宁有盗臣。"此谓国不以利为利，以义为利也。

华杉详解

孟献子，是鲁国的贤大夫。畜，是蓄养；马乘，马四匹为一乘，做了大夫，政府就给他配一辆四匹马拉的马车；畜马乘，就是刚刚做上大夫的人，有房有车有俸禄，他就不会去过问家里那养鸡养猪的事，以侵民之利，要吃鸡要吃肉到市场上去买。

伐冰之家的伐，是凿而取之。卿大夫以上，祭祀可以用冰了，俸禄更丰厚了，家里不仅不养鸡不养猪，牛羊也不养了，也到外面买。

百乘之家，就是诸侯之卿有采邑十里，可以出兵车百辆，他不仅有国家给的俸禄，而且有采邑百姓的赋税收入，这就富甲一方了。他不仅是大臣，而且有自己的家臣。这样的人家，不应该去蓄养聚敛之臣，再去刮地皮，收刮百姓财富。宁愿有家贼，盗窃自家府库，也不要有国贼，去与民争利，伤民之命。

为国者的利，不在于物质的利益，而在于上上下下的义。以利为利，失了人心，败了国家，本是求利，却反而有害，这是求利得害。以利为义，则有人、有土、有财用，虽不求利，而利在其中也。

利害利害，利就是害，君子以利为害。

原文

长国家而务财用者，必自小人矣。彼为善之，小人之使为国家，灾害并至。虽有善者，亦无如之何矣！此谓国不以利为利，以义为利也。

华杉详解

上一节讲为国者应当以义为利，这里接着讲求利之害，反复叮咛。

长国家，是一国之君长。"彼为善之"一句，朱熹说上下文可能有阙误，因为接不上，就不管它了。

作为一国之君长，如果一心只想有钱用，那他就会用那聚敛之小人为大臣。这等小人，若用来治国，则必以聚敛为长策，夺民之财，以奉君之欲，搞得民穷财尽，伤天地之和，生离畔之心，天灾人祸，纷然并至。到了那个时候，虽有善人君子，也救不得了。

这就是说，国家不能以利为利，当以义为利也。

义利之辨，反复叮咛，还是个简单的道理，**我们都希望别人对我义，不希望别人对我不义。而要别人对我义的唯一方法，就是我对所有人都仁义。**否则，人人心里都咬牙切齿"你不仁，莫怪我不义"，那你的生态环境就崩塌了。

以上是传文的第十章，解释治国平天下。这一章的要义，是要在上位者与民同好恶，不要与民争利，修行絜矩之道，则亲贤乐利而各得其所，这就平天下了。

朱熹说，以上十章传文，前四章统论纲领旨意，后六章细讲条目功夫。第五章是明善之要，第六章是诚身之本，这两章，对于初学者来说更是当务之急，急用先学。学者一定不可因为它看起来太简单，都是些老生常谈的大道理，就轻忽放过了。

学问之道，博学、慎思、审问、明辨、笃行。关键是最后要落实到笃行，知行合一，学以润身，改变气质，日日不断，日日自新，每天都重新做人。

《大学》全文完。

中 庸

率性而为，就是循规蹈矩

原文

　　天命之谓性，率性之谓道，修道之谓教。

华杉详解

朱熹注解说：命，就是令。性，就是理。

所以，天命就是上天的命令，天性就是天理。

朱熹说：天以阴阳五行变化生万物，万物禀受天地之灵气以各成其形，而内在的理，也赋予它了，这就像上天的命令一样。所以，人或万物之生长，因为各有其得自于上天之理，各顺其德，这就是性。

率性之谓道呢？率，是遵循。你遵循这天命、天性，就是大道。张居正说：人和万事万物，各自遵循其性之自然，其日用常行，各有当行的道路。仁为父子之亲，义为君臣之分，礼为恭敬辞让之节，智为是非邪正之辩，其应事接物待人，无不依循那性中本有的。所以说，率性之谓道。

这里要特别注意，率性而为，不是我们平时说的任性而为。朱熹不是说性就是理吗，**率性而为，就是一切依天理而为，合乎人之理、夫妻之**

理、父子之理、兄弟之理、君臣之礼、朋友之理、社会之理、自然之理、天地之理，这就是道了。

《中庸》开篇就讲"率性"，这个要记住，因为最后结束总结的时候会讲"尽性"——尽己之性，尽人之性，尽万物之性。中庸之道修成了，你就能让自己，让他人，让万事万物的天性，都得到最充分的发挥，成就自己，成就他人，成就世界。**从率性到尽性，就是中庸之道**，这话头先留在这里，读完这本书你就明白了。

修道之谓教。张居正讲解说：性、道虽然都相同，但是，人的气禀有差异，就是我们前面讲的，人秉气而生，但各人所得的气清浊不一样，再加上"性相近，习相远"，后天习染，也容易学坏，所以不能尽率其性。于是呢，圣人就因其当行之道，给大家定规矩，以为法于天下，节之以礼，和之以乐，齐之以政，禁之以刑，使人皆遵道而行，以复其性。这也是恢复他本来就有的东西罢了，不增不减，而不是有所加损。所以说，修道之谓教。

用王阳明的话说，也就是恢复他的良知罢了。

记住这个率性而为，不是自己任性，是率人性、自然之性、社会之性。能率性而为，你就得道了。

所以率性而为，是圣人的至高要求。为什么人们会把率性而为，理解为自己潇洒，不循规蹈矩呢？因为人们读书，都很容易朝自己舒服的方向理解。**率性而为是无拘无束的，但这是"从心所欲不逾矩"的无拘无束，是守规矩，却不觉得规矩让自己不舒服的无拘无束。**

率性之谓道。一般人只认识到自己的性，不能认识物之性、自然之性、他人之性、社会之性。事实上他连自己的性也认识不到，只认识自己的欲。于是圣人要修道，修道之谓教，就是礼、乐、刑、政等，立规矩，施教化。

所以，知天命者，方能率性而为；不知天命者，需循规蹈矩。圣人立天性以为规矩，率性而为，就是循规蹈矩。

不拘小节者，难有大节

原文

道也者，不可须臾离也，可离，非道也。

华杉详解

张居正讲解说：承上文，天命之谓性，率性之谓道。道既然源于天，率于性，可见这道与我的身子合而为一，就是顷刻之间，也不可离了道。如果此心、此身离了道，心便不正，身便不修。一事一物方才离了道，事也不成，物也不就。可见这道如何可以离得？如果可以离得，那便是身外之物，而不是我心上的道。

朱熹注解说：道，是万事万物、日用常行当行之理，无物不有，无时不然，所以一刻也不能离。

原文

是故君子戒慎乎其所不睹，恐惧乎其所不闻。莫见乎隐，莫显乎微，是故君子慎其独也。

华杉详解

这里又讲"戒慎恐惧"和"慎独"了。前面我们在《大学》里讲诚意时，就讲了慎独。这《中庸》一开篇也讲慎独。可见慎独是儒家非常重要的修身心法。

戒慎不睹，恐惧不闻。不睹，是没有人看到的地方；不闻，是没有人听到的地方。在没人看到、没人听到的地方,也保持警醒,不要放肆,就是慎独。

莫见乎隐,莫显乎微。见,读作现。隐,是幽暗之处。微,是细微之事。独,是人所不知而己独知的去处。

人在众人看得见的地方,觉得那是众目睽睽之下,应该注意自己的举止表现。不过,别人看见你,也不过是看见一个表面而已,也看不到你的内心。相反,在没人看见的地方,你不需要关注别人的时候,自己的心念发动,是善是恶,自己最清楚,这才是天下之至见,是最见得清楚明白的时候。所以叫莫见乎隐,天下之至见,莫过于隐。

同样,天下之至显,莫显于微。越是那细微之事、不值一提的小事,怎么样都影响不大,所以,怎么处理你也不太在意,也认为别人不注意,就放松了,任性而为,而不是率性而为,这时候,就最能显出你的价值观和修养。

所以会观察的人,他就不看大事,专看小事,因为大事人人都会警醒注意。你独处的时候是否慎独,他也看不到。但不经意的小事,莫显乎微,最能看出一个人的操守。说一个人不拘小节,那么我们也很难相信他能守大节。这也说明"道也者,不可须臾离也,可离非道也"。

慎独是儒家重要的价值观。简单地说,就是人前人后一个样,莫见乎隐,进而莫显乎微,遏人欲于将萌,而不使其滋长于隐微之中。就是把自己的恶念恶行消灭在萌芽状态,不让自己有那些坏习惯。修为到了,就不用随时戒慎恐惧不放松,而是在最放松的时候,也合乎大道,不勉而中,从心所欲不逾矩。

性情之德

原文

喜怒哀乐之未发谓之中，发而皆中节谓之和。中也者，天下之大本也；和也者，天下之达道也。

华杉详解

张居正讲解说：人每日与事物相接，顺自己意的就欢喜，拂逆了自己的就恼怒，失其所欲就悲哀，得其所欲就快乐，这都是人之常情。当事情还没有发生，情绪还没有发动，不喜不怒，不哀不乐，无所偏倚，这就叫"中"。事情发生了，情绪发动出来，当喜则喜，当怒则怒，当哀则哀，当乐则乐，一一都合着当然的节度，无所乖戾，这就叫"和"。

这个中，就是天命之性，就是道的本体，虽然是未发，但是天下之众理，它都具备，日用常行，礼乐刑政，千变万化，都以此为根本，就像树根一样，千枝万叶都是从这里发出来，所以说是"天下之大本"。

和呢，就是率性之道，是道的运用，恰到好处，没有悖逆。不管什么人，遇到什么事，都在这条道上走，所以叫作"天下之达道"。

道的运用，不外乎心之性情，如果静处无事的时候不知道存养，则失其中而大本不立；有事来应的时候不知道体察，则失其和而达道不行。所以说，道者，不可须臾离也，一刻也不能放松。

朱熹说，这叫"性情之德"。

如何修养这性情之德呢？我觉得，喜怒哀乐，要先修这个"怒"，怒气最伤人又伤己。怎么怒到恰到好处、致中和呢，也不好把握，就先从学习颜回的"不迁怒"开始吧,这比较容易操作。

不迁怒,是为什么事发怒,就对什么事发怒,不把那怒气撒到别的地方,或别的人身上去。比如你发怒,把手里拿的杯子摔了,如果并不是为杯子的事发怒,这就是迁怒于杯子;写不出方案,恨不得把电脑砸了,这就是迁怒于电脑;小李找你汇报工作,你正为女朋友的事生气,把小李骂出去了,这就是迁怒于小李。

君子任道,小人任情。颜回按道理来处理人和事,不因自己的情绪而变,该怎样,就怎样。而我们呢,就很容易被情绪左右,心情好的时候啥都行,心情不好就就地取材,找人找物发泄,谁碰上算谁倒霉。要是那当皇帝的,不任道理而任情绪,要拿人出气,那就有人要掉脑袋呀!所以,**越是位高权重的人,"不迁怒"三个字就越重要,应该写一个条幅来挂墙上。**

为什么性情之德这么重要呢?因为**"情绪是魔鬼"**,破坏性很大,而对于领导者来说,情绪往往又影响决策,所以"致中和"是中庸之本。

原文

致中和,天地位焉,万物育焉。

华杉详解

致,是推到极处。位,是得其所哉,各安其位。育,是万物生长。

这里讲大本达道的功效,还是儒家的基本原理——扩充放大。

张居正讲解说:中,固然是天下之大本,但是,要存养者少有偏倚,那还是有没做到的。和,固然是天下之达道,但是,要所发者无所乖戾,也有没做到的地方。

所以,必须在人所不睹不闻的独处之时,也能戒慎恐惧,严格肃敬,以至于独处至静之中,也没有一点偏倚,这就是把中推到了极处,则大本立也。

尤其是那些隐微幽独的小事，更要谨慎其是非善恶，精密于应事接物的对错尺度，让它没有一丝差错，推到和的极处，如此则达道行矣。

由此，我之心正，则天地之心也正；我之气顺，则天地之气亦顺。日月星辰，山川河流，各得其常；天地万物，各安其位。少有所长，老有所养，动植飞潜，各尽其性，则万物得生长矣！

张居正说：天地万物，本来与我一体，而中和之理，相互流通，所以其效验至于如此！所以这率性尽性的功夫，能不勉励自己去存养修为吗？

天人合一，在上位者就是天，一国之君就是一国之天，放我们自己身上，一个公司的老板就是一个公司的天，不是天，就是天花板。所以要想想怎么把自己这个天花板修高一点。

是在上位者决定了天有多高，地有多广，天中不中，和不和，顺不顺，年轻人能不能成长，老年人能不能得到照顾，山川河流会不会被破坏，野生动物是否得到保护，这些都是在上位者的性情决定的。所以修性情之德，致中和，原理就在这里。

修养的海因里希法则

《中庸》一共三十三章，前面是第一章，子思立言，讲命、性、道、慎独、致中和。接下来的十章，是子思引用孔子的话，来论证这第一章的立意。

第一章首先说明道的本原出于天，不可更易；道的实体则备于我们自己，不可偏离。

既然都在自己身上，我们就要有存养省察之道。所谓修身养性，因为有个养字，常常被理解为休息养生。事实上，修身养性，就是存养省察功夫，不仅要"日三省吾身"，而且要随时戒慎恐惧，省察自己。修身养性的性，是天命之谓性，率性之谓道，修道之谓教。时时存养省察，就是圣神功夫，臻于化境。

所有的一切都在于我们自己，所有的责任担当，都是"我"的责任担当。

学习任何东西，都不是去评点讲说他的高下，甚或另立一说以胜之，而是用书中之言，观照自己，反求诸身而自得。不断充实自己的人性本然之善，去除外诱之私心偏心，则能不偏不倚，和然中道。

面对世风日下，老人倒地上没人扶，环境破坏，沙滩上垃圾没人捡，公司管理不善，晚上好多人下班电脑不关，这是谁的责任？都是"我"的责任！别人不扶老人，是我的责任，这事我要管。怎么管？就是我自扶之，这就是《中庸》的大正至中之道，这就是《大学》的明德新民、修身齐家治国平天下之道。不要想"假若人人都……"，这样就会觉得，光自己一人改变不了什么，这就不是儒家了。儒家的观念是行有不得，反求诸己，我管不了别人，但管得了自己。管不了别人也不可怕，可怕的是管不住自己。

原文

仲尼曰："君子中庸，小人反中庸。君子之中庸也，君子而时中；小人之反中庸也，小人而无忌惮也。"

华杉详解

中庸者，不偏不倚，无过不及，而平常之理，乃天命所当然，精微之极致也。所以中庸是一点也不偏离正道至理，是精微之极致，唯有君子能体会到，小人是认识不到的。

朱熹注解说：盖中无定体，随时而在，乃平常之理也，君子知其在我，故能戒谨不睹，恐惧不闻，而无时不中。小人之心，多欲而无识，无所忌惮，不知有中庸之道，故肆欲妄行。

张居正讲解说："君子小人，只在敬肆之间而已。"意思是，**君子与小人的区别，就在于君子时刻心存敬畏，而小人则放肆无所忌惮。**

小人不知道害怕。最简单的案例，就是开车。那闯红灯的，在马路上逆行的，在高速公路出口随意打横变线的，都是无所忌惮的小人。他明明知道这样是危险的，可他就是无所忌惮，对自己的生命都无所忌惮，别人的安全更是完全不在他的考虑范围内。

君子知道敬畏，首先是对自己的生命安全极其敬畏。所谓"千金之子，坐不垂堂，百金之子不骑衡"，在自家院子里小坐，也要注意别在屋檐下坐着，怕万一瓦片掉下来砸到头；也不要骑坐在栏杆上，怕失去平衡摔下来。

这是敬畏什么呢？我们可以用美国著名安全工程师海因里希提出的"300:29:1法则"来解释。当一个企业有300起隐患或违章，必然要发生29起轻伤或故障，另外还有一起重伤、死亡或重大事故。

所以抓安全，都不是抓大事，而是抓小事。同理，我们个人的修为，应事接物待人，也是抓小事，不是抓大事。**你有300次放松放肆，恐怕就会闯一次大祸。**修养的心法，就是不应事、不接物、不待人的时候，自己一个人独处的时候，也要戒慎恐惧，慎独。养成了这样的好习惯，就能不勉而中，无时不中，坦然中道。

中庸之道，是德行之道，也是性情之道。朱熹引用游氏注解说："以性情言之，则曰中和。以德行言之，则曰中庸。"所以中庸的中，也兼有中和之意。

以上是第二章，我们总结一下君子之道，就是"性情中和，德行中庸"。这八个字，需细细玩味，每时每事省察自己。

喝心灵鸡汤的三个层次

原文

子曰："中庸其至矣乎！民鲜能久矣！"

华杉详解

至，是极致。鲜，是少。

张居正讲解说，**天下之事，但凡你做得过了些，就是失中；不及些，就是未至。唯有中庸之道，无过不及，恰到好处**，日用常行，应事接物待人，既没有做得过分的地方，也没有达不到的，所以这是天理人情之极致，尽善尽美而无以复加者。这道理呢，人人自己身上都有，本来没什么难事，只是世道衰微，人各拘于气禀，囿于习俗，其所知所行，不是流于太过，就是失之不及，少有能做到中庸的。这种情况，已经很久了！

以上是第三章，就一句话。

原文

子曰："道之不行也，我知之矣，知者过之，愚者不及也；道之不明也，我知之矣，贤者过之，不肖者不及也。人莫不饮食也，鲜能知味也。"

华杉详解

这段是第四章。

孔子说，这中庸之道，就像一条大路一样，本是日用常行，你上去走就是，但是这大路上为什么没人走呢？我也知道这缘故。因为这个人啊，他必须认识理解这大道，他才能上去走。现在的人啊，都聪明得过了头，索隐行怪，追新逐异，贪巧求速，他的思想认识就过了，跑到中庸前面去了。所以他轻视这大道，认为中庸不值得重视，不值得践行。那笨笨的呢，安于浅陋，他的思想认识达不到中庸的程度，他看这中庸之道，哎呀，这不是我做得到的，所以也不去做。

如此，这本来明明白白的中庸大道，怎么就不明白了呢？因为知行合一，这道，总要走过才明白。如今那贤能的人，他就喜欢显自己的本事，要另辟蹊径，特立独行，不走这中庸之道。而那愚笨不肖的，又安于卑下，做不到中庸之道。于是这道就荒芜了。

智者的"知道"是个大问题，一说道理都知道，一做事却都不按道理来。为什么呢？有两个原因。第一，他不是真知道。

王阳明的一个学生向他讨教求学和做人的道理，王阳明向他讲了若干条，每讲一条，就问他知不知道。他全部都答知道。

可王阳明说，**因为认为自己都知道，所以就堵死了自己知道的路。要知道自己不知道，才能知道。**

所以，认为自己知道，正是不知道的原因；认为自己不知道，才是知道的开始。

知行合一，就是只有按那道理做了，才算知道那道理，否则只是晓得些说法，其实一点也不知道。就像你吃过盐，才知道什么是咸；尝过糖，才知道什么是甜；尽过孝，才知道什么是孝道。你去问天下人，孝敬父母你知不知道，会有人回答不知道吗？三岁小孩都说他知道。但事实上真知道的人极少。即便是那极少的能尽孝的人，也有对孝道不知道的地方，因为他还有没体会到的、没做到的。

所以我们要有一个清醒的认识，哪怕是最简单、最老生常谈的道理，我们都永远有不知道的地方，这样才能戒慎恐惧，保持中庸。

第二个原因呢，是为物欲所蔽。种菜种果不能用毒药，人人都知道，但看见别人做了，也不受惩罚，而且比自己多卖了钱，于是第二年也就理直气壮地跟着做了。教化不行，人们心中就完全没有什么事绝对不能干的概念。我们痛恨三聚氰胺，但是我们平时的所作所为里，与之性质相同，只是程度不同的事，数不胜数。

所以儒家强调自我省察。看见别人干坏事，不要光是义愤填膺，而是要马上省察自己，有没有类似的恶行，这才叫格物、致知、正心、诚意、修身、齐家、治国、平天下，**每看见别人的善与恶，都拿他来格一格自己，善则与之，恶则去之，如此则进步神速也。**

孔子说：每个人每天都同样吃饭，但真正知味的人太少太少了啊！

《道德经》说："上士闻道，勤而行之；中士闻道，若存若亡；下士闻道，大笑之。不笑不足以为道。"我们的朋友圈里，总有人愿意每天发些心灵鸡汤。若是真干了那碗鸡汤，并切实去笃行的，就是上士；也不过一下脑子就赶紧转发鸡汤，但并不照着去做的，就是道听途说的中士；耻笑他人鸡汤的，就是下士。

胜心是学问修养的大敌

原文

子曰："道其不行矣夫！"

华杉详解

这一句是第五章，承上启下。孔子说："中庸之道，不明于天下，也就不行于天下了吧！"

原文

子曰:"舜其大知也与!舜好问而好察迩言,隐恶而扬善,执其两端,用其中于民,其斯以为舜乎。"

华杉详解

张居正讲解说,**人的智慧,有小聪明,也有大智慧。小聪明是自己聪明,大智慧是用别人的智慧。**天下之义理无穷,而一人之知识有限,如果只是刚愎自用,而不取之于人,那你的格局就小了。舜就是大智慧,但凡要处理一件事,他不肯说自己知道,而是恳切地请教别人,问这件事该怎么处理。问来的言语,不但那些深远的要去考察,就是那些极浅近的,也要细细琢磨,怕错过其中可以采纳的地方。

大智慧就是"无我",就是不追求"自己的东西"。学谁就是学谁,不要把它变成"自己的东西"。因为变成自己的东西,就忍不住要上去改一改,这一改,就毫厘千里、面目全非了。圣道为什么不传?就是因为历代治学者都追求"自己的东西",不肯照着往圣先贤的话来说。王阳明说这叫"胜心"——其说本已完备,偏要另立一说以胜之。妄自篡改添加,越描越黑,几百年下来,圣学就面目全非了。所以才需要有人重新去擦亮,为往圣继绝学。

很多人平时做事也有毛病,放着简单明白的大桥大路不走,偏要往那断蹊邪径上走,正所谓"舍其易者而不行,究其难者当学问",这都是不能善与人同,老想与众不同惹的祸!

世界大同,必是国相同,人相同,根本是善相同。儒家认为善为天下公,所有的善学、善言、善行都是公家的,你拿来用就是,不要觉得拿了别人的东西,没有立起自己的东西。至善就一个,到达了都一样,你不一样,只能说明你还没到达。等你到达的那天,因为能到达的人极少,你自然就孤独得很,哪还用得着追求什么与众不同!只有不把时间浪费在浅薄的与众不同上，你才能攀登至善的高峰。

所以儒家明德、新民、修身、齐家、治国、平天下，要用自己的言行示范去引领他人。反过来，看到他人的善言善行，也马上照搬、照抄、照做，这才是善之善者也。

第二句"隐恶扬善"，就是你听来一些东西，要把坏的藏起来，到你这儿为止。而那些好的，要大肆宣扬，让大家都知道，都学习。

这"隐恶扬善"有三层含义。

第一层是张居正讲的，是鼓励言路畅通。那说得不对的，我不用他的建议就是了，不要批评他，以免他受到挫折，下次不说话了；而那说得对的呢，我就不但用他的建议，而且宣扬嘉奖他，让大家都踊跃建言。

第二层含义，类似孔子的"子不语怪力乱神"。隐恶，是不讨论坏人坏事，为什么呢？怕有人学去了。你讲犯上作乱的事，就会被那奸人当案例教学，从中吸取经验教训。这就像讲连环杀手故事的电影，会激励出新的连环杀手一样。

隐恶扬善进了《成语字典》，又发展出第三层意思来，就是不要宣扬别人的坏处，只宣扬他的好处。这个就太难了。谁在背后不说人呢？说人坏话，也是一种胜心，要在道德上胜过别人。我们要做好人，主要方法就是通过说别人坏来衬托自己好。如果别人不坏，我这好也显不出来。

所以曾国藩专门讲过这问题，他说，你不要跟父母讲兄弟的不好，让父母认为你好。他这个说法抓住了本质。我们跟人说谁谁谁不好，无非是为了让对方觉得我多好。如果我们去除了让别人觉得"我比他好"的心思，真正做到"他好我也好"，就不会那么积极说别人坏话了。

隐恶扬善，多说人的好，就是把他往好处拉，他会越来越好；老说别人坏，至少他跟你的关系肯定是坏了，要是他真就越来越坏，也是你把他往坏处推的。

最后一句，"执其两端，用其中于民"，还是接前面的话，要到处访察，多听多问，对两个极端的思想都掌握，然后取其中而为政策。用现在的话来说，就是寻找全民幸福的最大公约数，这是当今世界各国都在博弈的东西，但也是"中庸不可能也"，要么就是过了，要么就是不及，总在不断摇摆调整中。

以上是第六章。

"知行合一"的两个标准

原文

子曰："人皆曰予知，驱而纳诸罟（gǔ）擭（huò）陷阱之中，而莫之知辟也。人皆曰予知，择乎中庸而不能期月守也。"

华杉详解

予，是我。罟，渔网；擭，机栏，都是抓鱼的。陷阱，是抓野兽的。

人人都说"我知道"，但你把他往那坑里带，他也不知道避。人人都说"我知道"，但是要他执守中庸之道，他一个月也坚持不了。知祸而不知避，能择而不能守，都不是真知。

张居正讲解说：如今的人，与他论利害，个个都说我知道。那既然知道，看见祸事就在眼前，该能躲避了吧？可他却见利而不见害，知安而不知危，被人驱逐在祸败之地，就像禽兽落在陷阱里一样，恬然不知道避去，这怎么算知道呢？

如今的人，你跟他讲中庸的道理，也都说我知道。既然知道，就有定见，有定见，就有定夺，于处事的时候，才能辨别出其中庸的道理来，但是，他又坚持不了一个月就放弃了。这既然知道，怎么又不能坚持呢？还是因为不是真知道！

这个我们应该都有体会，当别人跟我们说什么事，我们会拼命点头说"对对对，我知道，我知道"。第一个意思是我知道，第二个意思就是你快闭嘴别说了。

我们要建立一个意识，那就是，最简单的道理我们也不是真知道的，否则怎么不按那道理去做呢？比如管住嘴别吃坏、喝坏身体，你知道吗？问谁都说知道。但为什么知祸而不知避，甚至还有喝酒喝死的呢？因为本质还是不知道，临死才是真知道。所以王阳明说知行合一，做了才知道，你没去做，就只是晓得些说法，那不叫真知道。

所以，知道自己不知道，才是知道的开始。张嘴就说"我知道"，就关闭了知道的大门。

品德也是一样。如果你搞个电视采访，到大街上问："您缺德吗？"对方肯定骂回来："你才缺德！"每个人都自认为自己道德品质没问题，质疑这个就是侮辱人。但事实上，我们每个人都缺德，缺好多德，不是放三聚氰胺才缺德，我们在待人接物、说话做事、工作家庭、朋友交际上，无处不缺德。知道自己缺德，才是修养高尚人格的开始。

知祸而不知避，还有一个原因是没有意志力。没有意志力，就会产生懒惰和侥幸心理。所以孔子又说，人们都说自己知道，也会照做，却坚持不了一个月！

我的体会是，坚持一个月就是胜利！不是有二十一天养成一个习惯的说法吗？那一个月就足以固化一个习惯了。就像我每天早上写几百到几千字读书笔记，出差、度假、出国、住院，到哪儿也不落下。因为成了习惯，一天不读不写就像没刷牙，难受！

我认为，一个知行合一的人会有两个表现。一是他观点立场鲜明，从来没变过，二是他坚持做的事情从来没有停过。这就是知行合一的真知道，他真知道那道理，就执守那观点和立场，言行一致，一直那样去做。不会因为外部舆论环境或人情世故的变化改变自己的立场态度，也不会因为有什么困难或新的诱惑，而停止他一直坚持做的事。

以上是第七章。

"义袭而取"和"集义而生"的区别

原文

子曰："回之为人也，择乎中庸，得一善，则拳拳服膺而弗失之矣。"

华杉详解

孔子说，天下事事物物都有个中庸的道理，但是人们不能辨别选择，或是辨别选择了，又不能执守、不能坚持。只有颜回之为人，会在应事接物待人的每件事上仔细审查，辨别把握住那个至当恰好的道理，然后去躬身实践，拳拳然恭敬奉持在心胸之间，守得坚定，不肯顷刻忘失。

颜回是真知者，其为人无过不及，没有过分的地方，也没有没做到位的地方，总能守中庸之道。得别人一善言善行，马上牢记之，践行之，绝不错过，绝不丢失。

颜回执守到什么程度呢？在《论语》里孔子还说过："回也，其心三月不违仁，其余则日月至焉而已矣。"

颜回呀，他的心，能做到三个月都不违离仁德，而其他的人呀，有的只能做到一天，最多的也就能做到一个月而已。所谓一个人做一件好事不难，难的是一辈子只做好事不做坏事。颜回修养到什么程度呢？三个月你才能挑到他一个毛病！那我们自己呢，我想每天至少都能挑出三个毛病。颜回得一善言善行，就铭记于心，我们觉得自己好像也是这样啊，其实不是，差距在哪儿呢？没有抓落实！要马上落实到自己的行为上，并且坚持下去，这就是能辨别，能选择，能执守。

非义精仁熟，不能中庸。中庸不可能做到，所以我们要追求。

以上是第八章。

原文

　　子曰："天下国家可均也，爵禄可辞也，白刃可蹈也，中庸不可能也。"

华杉详解

孔子说，国家可以分一半给兄弟，爵禄可以辞去不要，刀山可以上，火海可以下，但是要始终坚守中庸之道，那才是真不可能做到啊！

多大的好事都不难做到，比如让国之贤，王位都不要了，让给兄弟，这样的案例历史上有很多，伯夷叔齐是，吴泰伯仲雍也是。高官侯爵辞去不要，这也不难，现在还有很多裸捐的企业家呢。下刀山火海呢，在危险时刻，把生的机会留给别人，死亡留给自己，泰坦尼克号上就有很多这样的绅士。这些都是人类的美德，时常有人能做到的。

但是，要做到中庸，你必须对每个人、每件事，都做到一点毛病没有，无过不及，没有一点过分的地方，也没有一点没到位的地方，这怎么可能呢？可以说，在每个人、每件事上都不可能！

根本不可能，那还有什么意义呢？意义重大！它的意义就在于我们知道自己没做到，并且有了这个想法，有了这个追求，就有了时刻省察自己的习惯。

孟子讲过"义袭而取"和"集义而生"的区别。义袭而取，就是鼓起劲干一件大好事，让国、裸捐、赴汤蹈火，都可以义袭而取。而集义而生呢，是每件事都是好事，跟积德一样。孟子说，不要义袭而取，要集义而生，集义而生，就能养成浩然之气。但要养这个气，就一件坏事错事都不能干，干一件就漏气了。所以"行一不义，杀一无罪，而得天下，仁者不为也"。不管多大诱惑，结果多么正义，甚至能造福天下人民，但是如果需要对一个人不义，那我也不干。

以上是第九章。

君子之强的四条标准

原文

　　子路问强。子曰："南方之强与？北方之强与？抑而强与？宽柔以教，不报无道，南方之强也，君子居之。衽金革，死而不厌，北方之强也，而强者居之。故君子和而不流，强哉矫！中立而不倚，强哉矫！国有道，不变塞焉，强哉矫！国无道，至死不变，强哉矫！"

华杉详解

孔子的弟子中，子路最好勇，所以他要问强者之道。

孔子说，你问的是南方人的强呢，北方人的强呢，还是你的强呢？南方风气宽容柔顺，如果别人以横逆无道加之于我，我也直受之，虽受到耻辱，也不去报复他。这样以含忍之力胜人为强，也近乎义理，有君子之道，所以说君子居之。但是，这还不是中庸，不是你要学的。

《圣经》里有一段经文，和这种"南方之强"类似："有人打你的右脸，连左脸也转过来由他打。"

我们报复他人，或惩罚他人，不过是把他往更坏的地方推，而不是把他往好的地方拉。那岂是强？简直就是不仁不义啊！

孔子接着说北方人的强。北方风气刚劲，故以果敢之力胜人为强。衽金革的衽，是睡觉的席子；金，是刀枪兵器；革，是盔甲。刀枪盔甲是征战厮杀的凶器，大家看见都会害怕，可北方人却能当成卧席一般，恬然安处，就是战斗至死，也没有厌悔之意，这便是北方人的强。这样纯任血气之勇，不顾义理，是强者之事，所以说强者居之。但是这样的强，过了，也不中庸，不是你要学的。

南方人不及，北方人又过了，那强的中庸之道是什么呢？**君子之强，强在哪里呢？孔子提出了四条标准：**

一、君子和而不流，强哉矫

矫，是强健的模样。强哉矫，是赞叹之辞。流，就是同流。

张居正讲解说，常人心目中的强，是能胜过别人，而君子之强呢，是战胜自己，以义理战胜自己的私欲，使义理常伸，而不为私欲所屈。与人相处，以和为贵。但是，一般人与别人和气，容易走向同流。同流合污也好，入乡随俗也罢，总之跟大家打成一片，不好的事也委曲一下自己，跟着混过去算了。而君子之与人相处，虽然也以和为贵，但自己心中有原则，有主张，绝不肯跟着做一些不好的事，这就是君子之强。

孔子又有"君子和而不同，小人同而不和"之说。这是《论语》里的名句，朱熹注说："和者，无乖戾之心。同者，有阿比之意。"君子心平气和，对人真诚善意，但是，一旦所见不同、看法不同，也要说出来。这为的是追求真理，相互规正帮助，而不是争夺利害，所以是和而不同。小人呢，心怀险恶，一心谋利，别人说什么，他都附和"对对对"，显得自己跟人相同，与人亲近，但一到势利之处，就会挟势以相倾轧，争利以相谋害，这就是同而不和。

君子和而不同，小人同而不和。可以说是君子之间和而不同，小人之间同而不和。君子之交，淡如水，和如风，但长长久久，天地人和。小人之交呢，是结党营私，好的时候恨不得穿一条裤子，可一旦利益冲突了，就马上视若寇仇。

君子和而不同，小人同而不和。也可以说君子对任何人都是和而不同，小人对任何人都是同而不和。君子对谁都怀善意，说真话。而小人不管见到谁，都阿谀奉承，亲热得不得了，你说啥他都赞同，你喜欢啥他都跟你爱好一样，先把你迷惑了再说，慢慢再看你能对他有啥好处。

这种"同"和"流"，在《论语》里被称为"乡愿"，就是好好先生。孔子说："乡愿，德之贼也。"不做好好先生，能善善，能恶恶，能得罪人，这就是君子之强。

二、中立而不倚，强哉矫

中立而不倚，从义理上来说，是执守中正，始终极其坚定，绝不偏倚到一边。从做人处事来说，就是不找靠山。君子之强，有自己的独立人格、独立价值、独立格局，能得到别人的帮助，却不把任何人当靠山。如果你的"强"来自于"倚"，来自于靠山，那你离了他就连活命都做不到。你的靠山如果一时不太稳，晃了一晃，你就摔下山崖了；你的靠山如果和别的山蹭了一下，你就血肉模糊了；你的靠山如果倒了，你就被埋葬了。所以靠山靠山，靠得再大都是冰山。

朋友也是一样，朋友可以帮你，但你不能指望倚靠朋友。君子之强，是自立自强，而不是趋炎附势，依附于他人。

三、国有道，不变塞焉，强哉矫

变塞的变，是改变；塞，是没达到。国家有道，君子之强，就能发达富贵。人在没有发达的时候，都很注意自己，等富贵发达了，就容易放松骄肆，改变了当年的志向操守。所以君子之强，就是不忘初心，坚守义理。

四、国无道，至死不变，强哉矫

当国家无道，君子也不变平生之所守，就算再穷再困，甚至遇到大祸患要被置于死地，也不肯改变平生的节操。这是什么呢？就是明哲保身。**许多人误以为明哲保身就是偷生怕死，但在儒家思想中，偷生是有的，怕死则未必。**保身，首先是保证自己的节操，保证自己不要同流合污。当国家有道，君子一定是立于朝堂之上。如果不能立于朝堂，那就是你没本事。但如果国家无道，你还立于朝堂，那你就是同流合污，和昏君奸臣一起干坏事了。所以君子一定要退隐，等待下一任新君。

人格独立，志有定向，立场鲜明，坚守原则，观点始终不变，不跟人和稀泥、捣糨糊，这就是君子之强。

以上是第十章。

正确看待追新逐异

原文

子曰："索隐行怪，后世有述焉，吾弗为之矣。"

华杉详解

索，是求。隐，是隐僻。行怪，是行为怪异。述，是称述。

张居正讲解说，世间有一种好高之人，对于日用常行，还有大家都讲的一些简单道理，他都认为太寻常，不足以知，一定要去深求隐僻之理，要知人所不能知。对于日常当行的道理呢，他也觉得太寻常，不足行，一定要行人所不能行，以欺哄那些没见识的人，欺世盗名，以惑下愚。而后世也把他们的故事津津乐道地传诵千年。不过，孔子却说："我不干那样的事。"

索隐行怪，以惑下愚，这也是代代相传的毛病。所谓"舍其易者而不为，究其难者以为学"，对于欺世盗名的人来说，这诱惑很大；对于"下愚"的人来说，也很吃这一套。

比如学习"四书"。"四书"的道理，其实都极其浅易明白，中心思想就一个：要做到，要知道自己没做到，然后随时提醒自己做到，这就叫"知行合一"。但是，人们做学问，重点往往都不放在把那学问落实在自己行动上，而是放在如何知道更多上。不落实行动，而是想知道更多，那最好的方法就是，知道一些别人都不知道的。于是就在那辞章之间，训诂、考据、拆字，弄出一通深僻精彩的道理来，然后便如痴如醉，沾沾自喜。

而听课的同学，也都追新逐异。如果老师是"老生常谈""没有什么新东西"，他就鄙视老师。如果这老师是一个索隐行怪、欺世盗名的人，讲解的东西跟他之前听过的都不一样，他就兴奋了。这都是只求知道得更多，却从没放在自己身上，想想要怎么去做。

有知行合一习惯的人则相反，他们不想知道更多。比如子路，得一善言，就要践行，要去做做看。这时候你要是接着讲下一条，他就会捂起耳朵："别说！别说！刚才那条我还没做呢！"

我写过一本《华杉讲透〈孙子兵法〉》，好多朋友读完之后对我说："哎呀，华杉你这本书太好了！颠覆了过去好多看法！"这句话很典型，大家都想把前人的东西"颠覆"，要把一本书解读得跟谁都不一样。那我有没有颠覆呢？当然没有，我只是还原，把大家颠覆的东西再颠回去。在我那本书里，没有一句话、一个字的解读是我"自己的理解"，都是根据宋本《十一家注孙子》和郭化若将军的《孙子译注》为标准来解读的。

在出版《华杉讲透〈孙子兵法〉》的时候，编辑在书上写了一段文案："华杉潜心研究《孙子兵法》二十余年，观点自成一家。"我看到那句"观点自成一家"，心里就嘀咕，对古人的东西，如果你的观点自成一家,那你肯定是错的。因为观点只有一个,是前人传下来的,你跟谁都不一样,就意味着过去两千五百年的往圣先贤全都错了,这可能吗?所以,第二次加印的时候我就申请把这句话删除了。

人们总追求把本来浅显的道理颠覆,要说出一番惊世骇俗的高论来。因为爱听这样高论的人太多,这个市场太大。这叫什么呢?孔子说,叫"道听而途说,德之弃也"。**道听途说,不是传播小道消息,而是在道上听来的道理,还没回到家,还在路途上,就赶紧把话又说出去给别人听了。**为什么要说给别人听呢?是显摆自己有学问。他压根儿就没想去践行,就是想显摆,所以这道理别说学到自己身上了,都没带回家,就丢弃在路上了,所以叫"德之弃也"。那听来一句丢一句,总要补充新的啊,于是就索隐,就追新逐异。

那什么是行怪呢?就比如魏晋之风,竹林七贤那些事,故作惊世骇俗之举。如刘伶家里来客,他不穿衣服去见,客人不高兴地问他,他却说:"我以天地为屋,房屋为裤,你自己跑到我裤子里来干吗?"这样的怪行,确实能载入史册,传诸后世。但传些怪行下去干吗?惊世骇俗的事,君子不为。这样的故事,为什么很多人赞赏呢?就是因为大家都没有知行合一的意识习惯。有知行合一习惯的人,所有的学习都是切己体察,事上琢磨。要赞赏一件事,一定是自己马上准备照着做的。我若赞赏刘伶,那么以后我都光着屁股见客人。如果我不准备光屁股见客人,那我理他干什么?

学问之道,博学、慎思、审问、明辨、笃行,其中最关键的就是笃行。不是因为大家没有智慧去辨别,而是因为大家都没有知行合一的意识习惯。如果我们无论学到什么都照做,不准备照做的我就不学,那才真是做学问了。

学问之道,光动脑子没用,脑子靠不住。用心也不够,心不知道放哪儿。只有动手,落实在行动上,身体力行,你才知行合一了。

能不能坚持，关键在有没有志向

原文

"君子遵道而行，半途而废，吾弗能已矣。"

华杉详解

张居正讲解说：遵，是循；道，是中庸之道；途，是路；废，是弃；已，是止。

孔子说：那索隐行怪的人，固然不足论。至于君子，择乎中庸之道，遵而行之，可明明已经在平正的大道上走了，却不能笃实用力，走了一半，就半途而废。这是他的智力虽然能够理解认识到，但是仁德修为还不足，所以当强而不能强。如果是我，一定有始有终，一定走到底！

朱熹注解说，虽知足以及之，而行有不逮，当强而不能强者也。圣人在此，一定勉力自己去做，因为至诚无息，不敢半途而废。

知道，但是不去做，那不是真知道。而知道了，也践行了，但不能坚持，这还是因为不是真知道，两者都是没能知行合一。其背后的原因是什么呢？是没有志向。**学习第一是立志，有了志向，就日日都有目标，要实现自己的志向，就不会允许自己止步于此。**

能不能坚持，关键在有没有志向。小时候父母老师都会问我们的志向，都知道要立志。可到了工作上班以后，一切只盯着赚钱、升职、搞定客户，把自己的志向搞没了。志向成了小孩子的事，成年人没有志向，就是行尸走肉，就是随波逐流，就活不出自己来。**如果你有一个志向，比赚钱还重要，那你就可以遵道而行了，这道，就是通往你志向的大道。**

原文

"君子依乎中庸,遁世不见知而不悔,唯圣者能之。"

华杉详解

中庸之德,知之尽,仁之至。那索隐行怪的、惊世骇俗的、哗众取宠的、欺世盗名的、忽悠下愚的,都不是中庸之道。君子依道而行,既不去索隐,也不去行怪,一切依顺着这中庸的道理,终身居之以为安,而不肯半途而废。执守中庸,而不以有道自居,不求见知于人。即便遁世而不为人知,他自己心里也确然自信,无怨无悔。这与求惊人之语、惊世骇俗之行以引人注目的人,对比是多么鲜明。**只有圣人,才能战胜自己的虚荣心。**这是智之尽、仁之至,不需要勇,自然充裕自如。这是中庸的成德,唯有德造其极的圣人,才能做到。

以上是第十一章,以"智勇仁"三达德为入道之门。篇首用大舜、颜回、子路的故事来讲,大舜是智,颜回是仁,子路是勇,这三个品德缺了一个,就不能造道而成德。

门槛低,道行深

原文

君子之道费而隐。

华杉详解

费,是用之广。隐,是体之微。中庸之道,有体有用,其用广大而无穷,其体则精微而不可见也。

原文

　　夫妇之愚，可以与知焉，及其至也，虽圣人亦有所不知焉；夫妇之不肖，可以能行焉，及其至也，虽圣人亦有所不能焉。

华杉详解

张居正讲解说，中庸之道，不出乎日用常行的道理，又通极乎性命精微之奥秘。以知而言，虽匹夫匹妇之昏愚者，也有个本然的良知，于日用常行的道理，他也能知道。若论到了精微的去处，虽生而知之的圣人，也不能穷其妙也。以行而言，匹夫匹妇也有个本然的良能，于日用常行的道理，他也行得。若论到了高远的去处，就是安而行之的圣人，也不能做到。

道理都非常简单，普通男女也能明白，能照做；但又非常精深，圣人也不能全知道、全做到。中庸之道，门槛很低，道行很深，就像唱歌，人人拿起话筒都会唱，但是唱成歌星就是另一回事。郭德纲说，学相声门槛很低，很容易，可是进门一看，梯子在里面呢！这就是门槛低，道行深！所以君子之道，每个人都要有信心去践行之。但即便是圣人，也要清楚自己做得还不够好，这样才能随时警醒，永无止境。

原文

　　天地之大也，人犹有所憾。故君子语大，天下莫能载焉；语小，天下莫能破焉。

华杉详解

张居正讲解说，天地之大，化育万物，但是，天地也不完美，有酷暑，有寒冬，有干旱，有洪水，有地震，有台风，也不能尽如人意，总是有所遗憾。可见天地也不中庸，或覆载生成之有所偏，或寒暑灾祥之失其正。中庸之道，近至匹夫匹妇之能知能行，远至圣人天地之所不能尽，可见道无所不见。就其大处说，则其大无外，不是"天外有天"，而是再往外就没有了，所以大到天地都承载不起。往小处说，则其小无内，不能再剖解了，事物细微之极致，就到这里了。

所以说中庸之道费而隐，入门门槛很低，但是你永远不可能都掌握、都践行。

原文

诗云："鸢飞戾（lì）天，鱼跃于渊。"言其上下察也，君子之道，造端乎夫妇，及其至也，察乎天地。

华杉详解

鸢，是鹰。戾，是至。渊，是水深处。察，是昭著。造端，是起头。至，是尽头。

"鸢飞戾天，鱼跃于渊"，类似"鹰击长空，鱼翔浅底"。鸢鸟戾天，是讲道之昭著于上。鱼跃于渊，是讲道之昭著于下。化育流行，充满宇宙，无高不屆，无深不入，无所不在。

中庸之道，虽匹夫匹妇之愚昧不肖，也有能知能行的；虽有圣人知行之广，也有不能尽的。可见，君子之道自近小而言，则起自夫妇居室之间而无所遗漏；若论到尽头的去处，则昭著于天高地下之际而无所不有。所以君子戒慎恐惧，以慎独之道，从匹夫匹妇之能知能行做起，以至于位天地而育万物，则道之昭著于天地，在我自身而已。

以上是第十二章。

道不远人，保持简单

原文

子曰："道不远人。人之为道而远人，不可以为道。《诗》云，'伐柯伐柯，其则不远'。执柯以伐柯，睨而视之，犹以为远。故君子以人治人，改而止。"

华杉详解

天命之谓性，率性之谓道。道就是率性而已，就在我们身边，就在自己身上，是我们每个人都能知能行的，所以说，道不远于人。但是人们往往厌其卑近以为不足，而反务高远难行之事。你跟他讲简单的道理，他不接受，虽然同意你是对的，但他还是不接受，因为他说这太LOW（档次低），一定要去找那艰深复杂、高远难行的来"上档次"。他关心的不是道，而是自己的虚荣。对这种情况，古书上有标准描述："舍其易者而不行，究其难者以为学。"

"伐柯伐柯，其则不远"，是《诗经》里的一句诗。柯，是斧柄。要斫一个斧柄，那法则不远。你手里就拿着一个斧头，上面就有一个斧柄，你要把一根木头斫成一个斧柄，只要瞄着手里那斧柄照做就是。但毕竟手里拿的是一件，要新做的又是一件，这两者之间，在那斫斧柄的人看来还觉得远，不好把握。

君子治人就不是这样了，君子以人治人。

朱熹注解说，做人的道理就在每个人自己身上，是天赋予的，每个人都一样。那斧头上的斧柄，和正要做新斧柄的那根木头之间，还是有点

"远"，有点区别的，但人和人之间则没什么区别。"天命之谓性，率性之谓道"嘛，"性相近，习相远"嘛，人的天性都一样，只是后天的习染不同。所以君子就用他自己身上原有的道理，"以其人之道，还治其人之身"。

"以其人之道，还治其人之身"这句话，被后世误解大了，理解成了"你怎么对我，我就怎么对你""你对我不仁，莫怪我对你不义"这样相互报复的意思。人心坏了，道就要远人了。**朱熹的意思清楚明白，要在思想上帮助别人，就要用他知道的、他自己身上有的道理来帮助他。**可是大家都把朱子大爱之言，解读成支持自己对人坏的正当化理由了。

"以其人之道，还治其人之身"，是老师最常用的一种教学法，当同学提问时，老师不是直接回答他，而是就着他的问题，反过来顺着逻辑问他，让他自己回答，几个问答下来，他自己就明白了。这样比你直接告诉他答案，对他的帮助更大，因为你是帮助他在自己身上找到了答案。

"改而止"是说，他犯了错误，你"以其人之道，还治其人之身"，用他自己本来就明白的道理去帮助他。他明白了，改正了，就可以停止了，不要再分外去要求他，求高远之道。

保持简单，多关注最简单最本质的日用常行，道不远人，不要老去找那高远虚荣的感觉。

忠恕之道

原文

"忠恕违道不远，施诸己而不愿，亦勿施于人。"

华杉详解

忠恕违道不远。朱熹注解说,这里"违"的意思,不是违背,而是从这里到那里的距离。学习中庸,能做到忠恕,就离中庸之道不远了。

什么是忠呢?朱熹说:"尽己之心为忠,推己及人为恕。"

忠,是中人之心,如何能正中下怀,中他人之心呢?就是以己心度人之心。**每个人心里都时刻装着自己,那么,能像装着自己一样装着别人,就是忠。**

所以儒家的忠,并非只是忠君,只是下忠于上,而是每个人之间相互的忠诚。**忠是中人之心,心里装着对方。诚是不自欺,因为欺人必先自欺,**正所谓"自欺欺人"是也。不自欺,就自然有诚意,不欺人。

我们学习忠,不是只要求员工忠于公司,也要求老板忠于员工,上级忠于下级,要中下级之心。所谓得人心,就是上对下的忠。西点军校有一条讲领导力的话:"心里始终装着对方的利益,并且有能力让对方知道这一点。"这就是上级对下级的忠。在我们的经营上,最重要的企业文化就是对客户的忠,心里时刻装着客户的利益。朱熹说"尽己之心为忠",忠就是尽心尽力。你不能说这事"我尽力了",因为尽力还不够,一定要尽心,才是尽心尽力。

我们平时的语言里,有些话要注意,比如"原则上"。说这事原则上可以,意思就是到时候不一定行,原则似乎一钱不值,随时可以抛弃。说"这事我尽力而为",意思就是做不到就算了。说"这事我尽量",肯定是没准备把量用尽,浅尝辄止而已。所以把握"尽心"很重要!

孔子说:"夫仁者,己欲立而立人,己欲达而达人。能近取譬,可谓仁之方也已。"

仁,就是你怎么对待你身边的人。能近取譬,譬,是譬如;近,就是我自己。别人就譬如我一样,我想要的,也是别人想要的,那我就要帮他。我想得到的,也帮助别人得到;我想达到的,也帮助别人达到。

所以儒家的仁，就是将心比心，推己及人。"己欲立而立人，己欲达而达人"，就是忠道。

那恕道呢？孔子就一句话："己所不欲，勿施于人。"和这里的"施诸己而不愿，亦勿施于人"是一个意思，如果你不希望自己受到这样的对待，你就不要这样去对待别人。这句话人人都知道，但要做到就太难了。我们能不能在对人每出一言、每行一事的时候，都有一个意识——先检查一下，我愿不愿意别人这么跟我说话？我愿不愿意别人这么对待我？如果不愿意，那我就不要这样对待别人。

王阳明说"知行合一"是，没做到，就不是真知道。那"己所不欲，勿施于人"我们知道吗？我们不知道。知道自己不知道，就是知道的开始。中庸之道，我们永远不可能都做到，所以要追求、自省，永无止境。

在《论语》里，孔子对曾子说："参乎，吾道一以贯之！"曾子的门人就问曾子："老师跟您说的那个一以贯之的道是什么呀？"曾子说："夫子之道，忠恕而已。"

如果用一句话来概括孔子之道，就是忠恕之道，如果用一个词来概括儒家思想的基本原理，就是将心比心。

言行相顾的两个体会

原文

"君子之道四，丘未能一焉，所求乎子，以事父未能也；所求乎臣，以事君未能也；所求乎弟，以事兄未能也；所求乎朋友，先施之未能也。庸德之行，庸言之谨，有所不足，不敢不勉，有余不敢尽；言顾行，行顾言，君子胡不慥慥尔！"

华杉详解

求,是要求期望。先施,是先加于人。庸,是平常。行,是践行。慥慥,是笃实的样子。

孔子说,君子之道有四,我一条也没做到啊!

我希望我儿子怎么对我,我就应该做到怎样去对待我的父亲,这我没做到。比如我希望儿子孝敬我,但是我对父亲又有多孝敬呢?

我希望我的下级怎么对我,我就应该怎样去对我的上级,这我没做到。比如我希望我的下级忠于我,但是我对自己的上级,或者对客户,又有没有做到不藏私心、不遗余力地尽忠呢?

我希望我的弟弟怎么对我,我就应该怎样去对我的哥哥,这我没做到。我希望弟弟应该对我恭敬顺从,但我对兄长又有没有恭敬顺从呢?

我希望我的朋友怎么对我,我就应该先怎样对待他,这我还是没做到。我希望朋友对我有信义,而我所施于他的,是不是件件都出于信义呢?

这些孝悌忠信,都是最平常的道理,叫作"庸德"。对这些平常的道理,要笃实践行,不能把它们当老生常谈的大道理,轻轻放过了。**知道自己没有做到的,要勉力去做。**而平时说话呢,要谨慎,要始终留有余地,不要把话说尽。**要言行相顾,言照顾行,不敢保证做到的,就不要说出来;行照顾言,凡是说过的,一定要做到。有如此君子风范,就是实在人。**

对于言行相顾,我有两个体会,一是自己的言要照顾自己的行,要言行一致。但是,言行要完全一致,无过不及,是做不到那么精确的。就像孔子说的"中庸不可能也",要么是言过其实,要么是实过其言。那么,我能把握的就是宁愿少说一点,留有余地。

举个简单的例子,我们和人约会迟到了,预计迟到十分钟。这时候我们打电话说"马上到",这就是忽悠。因为对方一分钟两分钟三分钟,每一分钟都在等。那你说"十分钟到",诚实地把自己的预期说出来,似乎是言行一致吧?但是,一会儿交通还可能出状况,你如果过了十二分钟才到，那么后两分钟别人又焦急了。所以我一般会说"十五分钟到"，这样对方心里预期十五分钟，我还可以"提前"五分钟到了。

但是多数人都会说"马上到"，或者"几分钟到"，说"十分钟到"的人都很少。这就是言行相顾的庸德庸言。

这些是小事，那到了大事呢？比如和客户洽谈。"华与华"是咨询公司，有的客户会问，你能给我们带来什么呀？我们的标准回答是："不能保证，可能什么成效也没有。"

因为确实可能什么成效也没有，说不定还有副作用。这就是实际情况。别人在这里能成功，您不一定，各有各的情况和运气。所以对公司的经营使命，我也确立了一句话叫"让企业少走弯路"，而不敢说"帮助企业成功"。成败各有各的命，我们只笃实做我们的事。对公司的核心价值观，我定了三个不——"不骗人，不贪心，不夸大"。

言行相顾，就是名胜于实为耻，实胜于名为善。不怕被人低估，就怕被人高估。

对言行相顾的第二个体会是，不是用自己说自己的言去顾自己的行，而是用自己说别人的言去顾自己的行。道不远人，道就在我们每个人身上，人人都懂。那什么时候最懂呢？就在我们批评别人的时候。朱熹说："道不远人，凡己之所以责人者，皆道之所当然也，故反之以自责而自修尔。"

通常我们对别人的要求都是很伟大、很光荣、很正确的，我们常常在一起数落他人的不是。

这时候我们批评的话都非常有价值，都是最正确的人生道理。这时你自己就要把这些话记下来，不是去要求别人，而是要求自己，自己照自己的话做。千万别抵赖，说他都没这么对我，我凭什么要这么对他？那是因为他的认识不如我，既然我已经认识到了，说出来了，我就要做到。

这就是张载说的"以爱己之心爱人则尽仁，以责人之心责己则尽道"。

所以道理我们都明白，但都是在说别人的时候明白。说别人的时候我们都是圣人，而自己呢，平常的德行，我们都没做到。因为知道自己行有不足，所以不敢不勉，言谈尽量谨慎，留有余地，别把话说满了。**说什么话，要顾及自己有没有做到；做什么行为，要顾及自己之前说过的话。** 做到这一点，就是君子了。

以上是第十三章。

羡慕别人，是大毛病

原文

　　君子素其位而行，不愿乎其外。素富贵，行乎富贵；素贫贱，行乎贫贱；素夷狄，行乎夷狄；素患难，行乎患难；君子无入而不自得焉。

华杉详解

"素位而行"的"素"，是见在。"不愿乎其外"的"愿"，是愿慕。君子看看自己在哪里，根据自己现在所居之位，做自己所处位置该做的事，不羡慕别人，也不因对所处的位置不满，而不守本分。

张居正讲解说：人的地位不同，但是各有其当行的道理，如果不能自尽其道，而分外妄想，就不是君子了。君子但因其见在所居的地位，而行其所当行的道理，未尝于本分之外，别有所愿慕。

前面我们讲过嫉妒是大恶，同样，羡慕别人，虽然不是大恶，也是大毛病。当官你不能羡慕商人有钱，经商你不能羡慕官员有权。但是，因为羡慕商人有钱，官员会贪腐；因为羡慕官员有权，很多商人也会模仿官员的做派，甚至渗透政治，给自己找感觉。两者最后给自己带来的都是毁灭。究其心理，都是"希图外慕"，羡慕别人，不能素位而行。

每个人都在不同程度上对自己所处的位置不满意，不满足，老觉得自己这行不赚钱，或者赚钱太慢，总看别人的行业赚钱快，于是就要转型，转过去之后才发现不是那么回事，于是再转，再找新风口。这样兜兜转转，十年下来一场空，连自己是干啥的都不知道了。这样的人太多了，病根在哪儿？就在没有志向，光想赚钱。于是就希图外慕，为利欲牵引，为外物所移。就是这个逻辑。

人人都想"改变命运"。但你对今天不满，想改变命运，不是放着今天该做的事情不做，老想着应该另外做点什么，而是要首先做好自己分内的事。

德鲁克说，战略不是老想着未来我做什么，而是要想着今天该做什么，我们才能拥有未来。

那么我们要做的就是两件事：一是扎扎实实把现在的事情做好，二是投资布局未来可能的方向。

今天该做什么呢？天命即本分，就是做好自己分内的事。无论你想做什么，都得别人给你做，社会给你做。那别人凭什么把机会给你？就是看到过去交给你的事你都做得很好，才会交新的事给你做。这就是为什么有的人在办公室抹桌子、扫地、倒开水也能发迹，因为如果你做不了别的，就勤快点，做点服务工作，这就是好品质。

怎样做到不外慕呢？还是要立志。**自己志有定向，哪管得了别人，别人什么东西好跟我都没关系，对我也不重要。对我最重要的只有一件事，就是我的志向。**这样眼光向内，在自己身上求，就能以日日不断之功，滴水穿石。

所以君子能随遇而安心，素位而行事。如果生而富贵，就做富人该做的事；生于贫贱，就按穷人的方式生活；到了异国他乡，就入乡随俗；遭遇患难，就应患难行事。不管到什么境地，君子都能安心自得。

非竞争论

原文

在上位不陵下，在下位不援上，正己而不求于人则无怨。上不怨天，下不尤人。

华杉详解

陵，是欺凌。援，是攀援。所谓君子素位而行，不愿乎其外，何以见得呢？一般在上位的人，容易作威作福，欺凌在下位的人，而对地位比他高的人呢，则趋炎附势，攀附权贵往上爬。君子则不然，他虽然在上位，但平易近人，不会凌虐下面的人；他虽然在下位，但也不肯攀附在他上位的人，始终保持自己的独立人格和独立价值。

如果你欺凌下面的人，他却不服，那你肯定痛恨他了。如果你攀援上面的人，他却不搭理你，那你肯定怨恨他了。君子既不陵下，也不援上，只是自己诚意正心，做好自己的本分，不求于人，不与人争，那就无怨无悔，心中泰然。天命不在我，我不怨天，别人不帮我，我也不怪别人。

这样的君子，历朝历代，时常都有，往往都有绝学绝技在身。他不找靠山，不攀龙附凤，只是埋头做好自己的事，奉献自己的价值，结果，在最高位的人都离不开他。在政治斗争平衡的时候，他还能成为"各方都能接受的人"。

原文

故君子居易以俟命，小人行险以徼幸。

华杉详解

"君子居易以俟命，小人行险以徼幸。"这句话很重要，就是君子素位而行，安守本分，以待天时；而小人喜欢冒险，以图徼幸。因为君子关注的是自己的修为，而穷通得失，那是第二位的。孔子说了："求仁得仁，又何怨？"不是要用仁义去换取什么"好人有好报"的报，**君子不图回报，只修炼自己，所以安心在平易的所在，没有慕外之心。**

而小人呢，天天想着升官发财，就想出许多机巧变诈，利欲熏心，便会"富贵险中求"，铤而走险，一路有利必趋，有害必避，理之不当他得的，他也要巧取豪夺。

所以君子和小人，也是价值观的差别，一个求仁，一个求利。

原文

子曰："射有似乎君子，失诸正鹄，反求诸其身。"

华杉详解

正，鹄，都是指射箭的靶子，画在布上叫作正，画在皮上叫作鹄。

君子之争，就像射箭，正己而后射。始终研究的，都是怎么正己，射就那一下子。身正则射中，如果没射中，肯定不怪旁边有谁咳嗽了，只怪自己身不正。这就是正己而不求于人，素位而行，不愿乎其外的意思。

这句话孟子也引用过，《孟子》中的原文是："仁者如射。射者正己而后发，发而不中，不怨胜己者，反求诸己而已矣。"**如果你自己没射中，不能怪别人怎么射中了，因为各射各的，谁跟谁都没关系。**

君子之争，譬如射箭。我经常用这来讲企业竞争，我的理论是"非竞争论"——没有竞争，竞争是一种幻觉。谁跟谁在竞争呢？大家都是拿一根丘比特的小箭，去射消费者的心。你自己射自己的，射不中，不能怪别人射中了。哪怕你指责对方射的是一支毒箭，也有人愿意中他的毒，你管不着。所以，大家都是自己玩自己的，根本不存在什么竞争。

芬兰总统指责苹果毁掉了芬兰的产业，iPhone毁掉了诺基亚，iPad毁掉了造纸业。乔布斯是跟芬兰有仇吗？乔布斯是怀着打败芬兰的仇恨在经营苹果吗？很多手机厂商，也立志打败苹果。可是能打败吗？它败不败跟你也没关系，都在它自己身上。《孙子兵法》也强调，谁也打不败谁，善战者，都是研究怎么让自己立于不败之地，然后呢，不失敌之所败。当敌人自己露出败象的时候，你不要错过战机，这叫善战者胜已败之敌。他自己已经败了，你再去打。他如果好好的，你就打不败他。

追女孩子也是这样。班里有一个班花，十个男生在追求她，你打败其他九个，她也不一定跟你。要赢得她的芳心，不需要关注另外九个人，你只需要关注她。

在经营中，顾客是天理。你要关注谁给你饭碗，就是顾客，而不要去关注谁抢你饭碗。所谓打败竞争对手，就是人欲，要"存天理、灭人欲"。但是为什么很多人都关注竞争对手，不关注顾客，甚至认为没有顾客导向，一切只有竞争导向呢？这就是人性的弱点，只盯着谁抢他饭碗，不盯着谁给他饭碗。一些行业的恶性竞争，最后竟然发展到劣币驱逐良币，全行业伤天害理，欺诈消费者利益的地步，这就是人欲横流的竞争心态带来的。那些"良币"，不是被"劣币"驱逐的，而是自己的修为和智慧都不够，也就同流合污了。

能理解我上面的"非竞争论"，就能理解"君子素位而行，不愿乎其外"了。竞争导向，就是一种外慕心态。

以上是第十四章。

从小事做起

原文

君子之道,辟如行远必自迩,辟如登高必自卑。

华杉详解

迩,是近处。卑,是低处。这里"自迩""自卑"的"自",不是"自己"的"自",而是"自哪儿开始"的"自"。

张居正讲解说,君子之道,无所不在。而求道之功,必须循序渐进,谨于日用常行之间,然后可以到至性至命之妙;审于隐微幽独之间,然后可以收中和位育之功。就像你行远,不能一步就到远处,必从近处开始,由近及远;登高,不能一步登天,必从低处开始,由低及高。君子之道,就和这行远登高一样,没有说日用隐微处不合道理,而到高远处才能合道的。不能慎独的人,日用常行就有毛病;日用常行有毛病的人,说他到高远处却能守住大节,那是没有的事。所以,如果你有志于高远,有志于做大事,就要从小事小节做起。

人性的弱点,就是好高骛远。儒家思想中,由近及远是一个核心。推己及人、由内而外、由近及远、悦近来远,都是一个逻辑。明德、新民、格物、致知、诚意、正心、修身、齐家、治国、平天下,都是由近及远。

原文

《诗》曰:"妻子好合,如鼓瑟琴;兄弟既翕,和乐且耽;宜尔室家,乐尔妻帑。"子曰:"父母其顺矣乎。"

华杉详解

翕，也是合。耽，是久。帑，是子孙。顺，是安乐。

《诗经》说，夫妇和睦，就像琴瑟相合。兄弟友爱，和乐且长久不变。你的家庭美满，你的妻儿幸福。孔子说："那你的父母就顺心了！"

从妻子兄弟的和谐到父母的安乐，也是由近及远、由低到高的道理。要父母顺心，功夫不是一步就到父母身上的，而是从自己的妻子、儿女、兄弟做起。如果兄弟之间反目成仇，就算两人都争相到父母那里尽孝，父母又哪里能有一丝安乐呢？

以上是第十五章。

做个实诚人

原文

子曰："鬼神之为德，其盛矣乎！视之而弗见，听之而弗闻，体物而不可遗。"

华杉详解

张载说，鬼神是阴阳二气之良能。

朱熹说，鬼是"归"，是阴气之灵，反而归者，是事物发展的本原。神是"伸"，是阳气之灵，至而伸者，是事物发展壮大的极至。其实二气是一物。

程颐说，鬼神是天地之功用，造化之事迹。

张居正讲得比较简单，说鬼神就是祭祀的鬼神，如天神、地祇、祖先。

我们看不见鬼神，听不见鬼神，鬼神无形无伸，但他是物之终始（神是终，鬼是始，所以鬼神是一物之两端），无非阴阳合散之所为。所以鬼神为物之体，为物所不能遗者。

体物，郑玄注："体，犹生也。"

孔颖达疏："言鬼神之道生养万物无不周徧，而不有所遗，言万物无不以鬼神之气生也。"

原文

"使天下之人，齐（zhāi）明盛服，以承祭祀。洋洋乎！如在其上，如在其左右。"

华杉详解

齐，同斋，是斋戒。明，是明洁。盛，是盛装，盛美的祭服。

鬼神不可看见，不可听闻，但他能让天下人斋戒，净身，穿着盛大的服装去祭祀他，充满敬畏，如其在上，如其在左右。

原文

"《诗》曰：'神之格思，不可度思！矧（shěn）可射思。'夫微之显，诚之不可揜（yǎn）如此夫。"

华杉详解

这是《诗经·大雅》里的一句。格，是来。度，是猜度。矧，是况且。射，是厌怠。揜，同掩。

张居正讲解说，鬼神看不见，听不到，可谓微矣，但是又体物不遗，如此显著，为什么呢？盖凡天下之物，涉于虚伪无实者，到底只是虚无，何以能显？唯有鬼神，是实有此理，流行于天地之间，而司其祸福善恶之柄，故其精爽灵气，发见昭著而不可掩盖，正是如此啊！

《中庸》这本书，就是要人至诚，最后总结到天下之至诚。至诚无息，以实心体实理，以实功图实效。此章借鬼神之道来说明这个道理。因为天下最幽微不可见闻的，就是鬼神，而鬼神其实是不可掩盖的，所谓头顶三尺有神明，不管你做什么，神总是清清楚楚的，不可掩藏，你以实心，体实理，下实功，鬼神就给你实效。你心不正，意不诚，骗过所有人也骗不过鬼神。可见天下之事，就在一个诚字，诚则必昭著于天下，不诚则无物，一切都是空。所以人之体道行道，不可有一念一事之不实诚。

儒家说，诚意就是不自欺。欺人者，必先自欺，然后从自欺欺人到欺神。

子不语怪力乱神，孔子难得有说鬼神的话，因为孔子是"知之为知之，不知为不知"，鬼神他也没见过。孔子还有一句话："祭神，如神在。"所以我说，儒家的鬼神论，不是无神论，也不是有神论，而是"如有神论"，我假设他有！儒家的鬼神论，还是其核心价值观——敬畏心，"头顶三尺有神明"的敬畏心。

以上是第十六章。

中庸之道的马太效应

原文

子曰："舜其大孝也与！德为圣人，尊为天子，富有四海之内。宗庙飨之，子孙保之。"

华杉详解

张居正说，凡是为人子者，都应该尽孝道以事其亲。但是孝亦有大小，譬如舜，应该算是大孝了吧？何以见其孝之大呢？为人子者，非德不足以显耀其亲，舜则生知安行，德为圣人，父母因他而显耀到了极点；非贵不足以尊贵其亲，舜受尧之禅，尊为天子，父母因他而尊贵到了极点；非富足不足以养其亲，舜富有四海，以天下养，父母因他而富贵到了极点。舜又上祀祖考以天子之礼，列祖列宗得以庙食，光宗耀祖到了极点；又下封子孙为诸侯之国，基业代代相传，泽被子孙到了极点。

原文

"故大德，必得其位，必得其禄，必得其名，必得其寿。"

华杉详解

张居正讲解说，在常人看来，德是上天赋予的，好像偶然得之，不可取必；却不知德乃福之本，福乃德之验，如影之随形，响之应声，是理所必然。所以舜既然有圣人的大德，感格于天，必然贵为天子，得天下至尊之位；必然富有四海，得天下之厚之禄；必然人人称颂，得显著的声名；必然多历年所，得长久的寿数。舜虽然无心于求福，而福自应之如此。

原文

"故天之生物必因其材而笃焉。故栽者培之，倾者覆之。"

华杉详解

材，是材质。笃，是加厚。栽，是栽植。培，是滋养。倾，是倾仆。覆，是覆败。

天道生万物，也是因其本来的材质而增加之。如果根本完固，栽植而有生意的，就阳光雨露都给它，培养滋长；如果根本摇动，倾仆而没有生意的，就风寒雪霜都来覆败它。**是栽培还是覆败，不是上天有意不公平，而是看它自己本来的材质，这都是自取。**

我们在公司上班也是一样，公司培养你还是放弃你，都是自取。

《圣经》里也有类似的话："凡有的，还要给他，叫他丰足有余；凡没有的，就连他有的，也要取去。"

这句话出自《马太福音》，所以叫"马太效应"。说有一个财主，在他外出的时候，把一些金钱交给他的三个仆人。有两个仆人努力地为主人赚更多的钱，另外一个却把钱藏在地里。主人回来以后，就夸奖前面两个仆人，说因为他们努力，所以他们原来有的，还要多加给他们。另外又指责第三个仆人，因为他偷懒，所以原来给他的还要取去。

原文

"《诗》曰：'嘉乐君子，宪宪令德，宜民宜人。受禄于天。保佑命之，自天申之。'故大德者必受命。"

华杉详解

这是《诗经·大雅》里的一句话。令，是善。申，是重。

可嘉可乐的君子，有昭著的美德，既宜于在下位之民，又宜于在上位之人，以此受天之禄，而为天下之主。天既命而保佑之，又从而申重之，使他长享寿禄。

所以说有大德者得天命。

以上是第十七章。

五千年第一家族

原文

子曰:"无忧者其惟文王乎!以王季为父,以武王为子,父作之,子述之。武王缵(zuǎn)大王、王季、文王之绪。壹戎衣而有天下,身不失天下立显名。尊为天子,富有四海之内。宗庙飨之,子孙保之。

华杉详解

作,是创始。述,是继述。缵,是继。大王,就是太王。

创业、守成这两件事,都是世间最大的难事,总是有所不足,有所忧患,而最无忧无虑的,就是周文王吧!何以见得呢?如果前人没有给自己打下基础,白手起家,就有开创之劳;如果后人没有能力继承,又有废坠之忧。而周文王呢,以王季之贤为父,以武王之圣为子。王季积功累仁,造就国家的基业,把文王要做的事预先都给他做了。而武王呢,继承文王的遗志,记述文王的功德,开创周朝的大统,将文王未尽的事业也都给成就了。这就是父作之,子述之,完美家族。

所以孔子说,周文王才真是没什么遗憾吧!上继他父亲王季,下传他儿子周武王。父辈的旗帜,有儿孙辈继承。王季的一生,做的也是积功累仁之事,王季的父亲大王,就开始肇基王迹。而周武王承继大王、王季、文王三代人的基业,挥师伐纣,灭了殷商,得了天下。他并没有因以下叛上,而失了显名,相反,他被尊为天子,富有四海,宗庙飨之,子孙保之。

周文王家族是中国五千年历史的第一家族,也是孟子仁政思想的原

型。家族创始人古公亶父，也就是后来追封的周太王。古公亶父带领族人居住在豳地，西近戎，北邻狄，这些异族经常往来劫掠，古公亶父就每每给他们一些财物以绥靖，但是始终无法满足他们。

《尚书大传·略说》记载：

> 狄人将攻，太王亶父召耆老而问焉，曰："狄人何欲？"耆老对曰："欲得菽粟财货。"太王亶父曰："与之！"每与，狄人至不止。太王亶父属其耆老而问之，曰："狄人又何欲乎？"耆老对曰："又欲君土地。"太王亶父曰："与之！"耆老曰："君不为社稷乎？"太王亶父曰："社稷所以为民也，不可以所为民亡民也！"耆老对曰："君纵不为社稷，不为宗庙乎？"太王亶父曰："宗庙，吾私也。不可以私害民！"遂杖策而去，逾梁山，邑岐山。周人奔而从之者三千乘，一止而成三千户之邑。

古公亶父每次都给狄人钱，可他们钱花没了便又来要，终于，狄人开始要土地人民了。长老们说，这次是要我们亡国，必须拼死一战了。古公亶父说，这不是亡国，他要来这里做国君，你们无非是换一个国君而已，我还是走吧，不要让大家为我而死。于是就带着自己的家人，搬到了岐山。族人见他走了，也都跟着他搬到了岐山，这样就形成了周国的雏形。

古公去世后，季历嗣位。修古公遗道，笃于行义，领导部落兴修水利，发展农业生产，训练军队，并与商王朝贵族通婚，积极吸收商文化。从而促进了周国的社会经济发展，壮大了周国的力量。

到了文王，更是施行仁政，一是对农民轻徭薄赋，采用"九一而助"的政策，也就是税率九分之一；二是商人往来不收关税，自由贸易；三是鼓励移民，新移民来，别国给一百亩地，他给一百五十亩；四是广纳天下人才，有人才来，别国只是给官做，而周国不仅给官职，还能马上成为世袭贵族。如此天下归心，在周文王薨逝时，周已拥有天下三分之二的土地，对商形成了包围之势。但是，商还未尽失天下人心，所以文王始终没有对商发起攻击，而是把这个事业留给了武王。

到了武王，商纣无道，众叛亲离，自取灭亡。武王就顺势而推，灭亡了商朝，赢得了天下，并传承了八百年之久。

从古公亶父到周武王，共历经五代而王天下，这就是孟子仁政"王道平天下"的战略模型。在战国时期，孟子游说天下君王，宣传的就是这个战略，但是，无论是梁惠王还是齐威王，都嫌孟子的战略"太慢了"，他们接受不了。那孟子也就没办法了。

看一份事业，或自己家族的命运，关键在于你看问题的时间跨度。**你看问题的时间跨度越长，时间就越站在你这一边，你就能得到滴水穿石的回报、绵绵不绝的传承。**你看问题的时间跨度越短，就难免因小失大，而且终身奔忙，永远没有积累，更别说传之后世了。

家业、家风、家学

原文

"武王末受命，周公成文武之德，追王大王、王季，上祀先公以天子之礼。斯礼也，达乎诸侯大夫，及士庶人。父为大夫，子为士；葬以大夫，祭以士。父为士，子为大夫，葬以士，祭以大夫。期之丧达乎大夫，三年之丧达乎天子，父母之丧，无贵贱，一也。"

华杉详解

末，是老年。

之前文王还是诸侯，在礼制上，对他的祭祀都是用诸侯之礼。周武王晚年才受命于天，没有来得及处理追封先祖的事。武王去世后，周公辅佐周成王，才把这些事一一落实。首先追封文王的祖父古公亶父为大王，文王之父季历为王季，一直向上以天子之礼祭祀祖先到始祖后稷。

同时，制定天下共遵之礼法，从诸侯、大夫、士，到庶人，都要遵守。如果父为大夫，子为士，则以大夫之规格葬，以士之规格祭。如果父为士，子为大夫，则以士之规格葬，以大夫之规格祭。张居正讲解说，这样设计，葬用死者之爵，死者就安心了；祭用生者之禄，生者也能表达他的感情。

为旁亲服丧一年，这种制度实行到大夫。为父母服丧三年，这种制度实行到天子。为什么呢？因为天子尊贵，所以有伯叔昆弟之丧，天子不能为他们服丧一年。但是父母之丧呢，不管你多么尊贵，也没资格在父母面前尊贵，所以无分贵贱，礼仪都是一样的。而为父母服丧三年的理念，是因为孩子小时候，要到三岁才不用父母抱了，你麻烦了父母三年，那父母去世后，你也还三年给父母吧。

以上是第十八章。

原文

子曰："武王、周公，其达孝矣乎！"

华杉详解

达，是通达。达孝，就是全天下的人都说他孝。孔子说：凡人之孝，只能止于自己家里，不能通达全天下，而武王和周公，不仅自己能尽孝道，而且推己及人，以国为家，完备了一国的礼制，使家家都得以尽其孝。所以全天下的人，都说他们孝，这可真是达孝了。

原文

"夫孝者，善继人之志，善述人之事者也。"

华杉详解

孝是什么呢？就是"继志"和"述事"这两件事，也就是能继承先人的遗志，能记述先人的事迹。前人的志向，因生命有限而不能完成的，后代要不忘他的初心，承继完成。武王、周公，就是继承了大王、王季、文王的遗志。前人之行事，有所已为的，也希望后人去传述他。武王、周公就把列祖列宗从开基创业，到集义积德的事迹，一件件都记述了下来。所以说武王、周公是达孝之人了。

人类文明，就是代代相传的事业，和日日记述的历史。 一个家族的文化，也是追求继承与传承。一个企业的文化，同样是始于创始人的精神和一代代杰出人物的事迹。都说中国的文化是祖先崇拜，其实祖先崇拜没什么不对啊！我们每个人一生下来，就享受着前人奠定的基业，所以感恩先人，继志述事，是最起码的良知。

现在大家时兴重修家谱，这也是文明意识的复苏。一个人想要知道自己从哪里来，这是最基本的好奇心。我们这一代人差不多都是白手起家，似乎没有从先辈那里得到什么支持，不像古代的农业社会，一片桑田都是一代代祖先开垦出来的。那么，我们的祖先有没有给我们传下什么精神财富呢？我比较幸运，老家的族兄们访求二十余年，终于恢复了家谱，让我知道三百年前，华家从福建迁入四川的始祖，叫华有端。有端公先做货郎，走乡串村，苦苦积蓄，慢慢买田置地，建起了一个家园。他的妻子魏氏，父亲叫魏显邦，是当地宿儒，所以魏老孺人嫁到华家时，就会背诵"四书"，会讲古今传奇，成为妯娌孩子们的中心人物。她给这个家族带来了文化，从那时到我这一代，一共九代人，代代都出人才，用四川话说就是"读书得行"。我父亲华文英，读书也得行，在1963年考上了贵州大学数学系，让我出生在一个教师家庭，从小也读书得行。

今天我写"四书"注解，也想起了魏老孺人。我想这些就是她传给我的吧！继志述事，我也希望我的后代能继我之志，述我之事，传下家业、家风、家学。

礼的智慧

原文

"春秋修其祖庙，陈其宗器，设其裳衣，荐其时食。"

华杉详解

春秋，是指祭祀之时。一年四季，春夏秋冬，都有祭祀，以春秋为距离，其实也包含冬夏。修，是修整。宗器，是先世所藏的重器。裳衣，是祖先穿的衣服。

春夏秋冬，每个季节，都要对祖庙中的门堂寝室及时进行修整，使其整齐干净，不敢亵渎。把祖先所藏的宗器陈列出来，以表示子孙们能妥善保存而不敢丢失。把祖先穿过的衣服给代表祖先的人穿上，端坐受祭，这不仅让祖先的神明有所归依，也寄托了后人"祭亲如亲在"的追思。把四季应季的果食供奉给祖先，不仅是让他们得到享用，也是禀告他们季节的变化。

原文

"宗庙之礼,所以序昭穆也;序爵,所以辨贵贱也;序事,所以辨贤也;旅酬下为上,所以逮贱也;燕毛,所以序齿也。"

华杉详解

昭穆,是宗庙里祖宗牌位的位次。始祖居中在最上面,左边是昭,取阳明之义;右边是穆,取阴幽之义。这叫左昭右穆。左边是二世、四世、六世……右边是三世、五世、七世……依次摆上列祖列宗牌位。来祭祀的子孙们,各就各位,或左或右,站在自己的祖先这一边,这样就不会乱哄哄地不知道自己该站在哪儿。

在太庙里,陪同参加祭祀的群臣爵位都不同,有公爵,有侯爵,有卿大夫。行礼的时候就要按爵位排序,爵位高的先来,爵位低的排后面,以分贵贱,这叫辨贵贱。

祭祀是一个重大的活动,就像现在公司办大会,办庆典。我们说会议水平最能体现一个公司的管理水平和执行力。同样,办祭祀大典,得有一批能干的人,有总管祭祀的,有宣读祭文的,有掌管法器、酒器的,有掌管奠帛赞礼的,这些事都要有人负责,所以就要以人才为本,不管爵位的高低,只挑选那德行高的、颜值高的、做事纯熟能干的,这叫辨贤。

旅酬,指相互敬酒,祭祀结束之后是酒会,同姓的兄弟与异姓的宾客,众人饮酒,互相劝酬。这时候呢,各家的年轻子弟,就要举着酒壶跟着他的父兄,一路转圈敬酒,帮忙倒酒。为什么呢?这是要让他们也参与进来,和其他叔叔伯伯交谈认识,所以叫逮贱,年轻人地位低贱,但是也要让他们登场发挥。

旅酬结束,异姓亲戚们退场了,就剩下自己同姓的一家人,继续燕饮。这时候座次怎么排呢?这叫燕毛。燕,同宴,是祭祀后的酒宴。毛,就是头发。根据头发黑白颜色来排坐次，就是以年龄排序。这时候不管谁爵位高，也不管谁颜值高，也不管谁能力强，只论年龄，以老为尊。所以叫序齿，以年齿为序。

所以我们看到这一个祭祀典礼的设计，序昭穆以亲亲，序爵以贵贵，序事以尊贤，逮贱以扶幼，序齿以尊老，周公这一套礼制的设计，把所有人都照顾到了，让所有人都能融入这家族的活动和价值观里来，无所遗漏。今天，我们在中国民间的一些婚丧嫁娶的礼仪上，还能看到周公的这种理念，就是每个环节，让七大姑八大姨不同的角色来负责，这样就让所有人都能参与。也通过每一次家族盛事，增进了家族成员之间的感情，化解了他们平时相互之间可能有的矛盾，增强了家族的凝聚力。

周公设计的这套礼制，我在"华与华"也学习实践了一点，就是逮贱。刚进公司的年轻人，没有机会在客户会议上发言提案，那就在公司内部的创意比赛上以他为主。每个新项目进来，公司都有一个118分钟的创意比赛，全公司随机分组，用118分钟现场做创意，现场提案，当场评比，当场发奖。这个比赛的意义，一是给项目热身，让全公司都知道进来了这么一个项目，每个人也就都会开始关注这方面的信息；另一方面呢，大多数的项目，其实靠生活的常识就都可以解决，没有什么高深的专业问题。在这个创意比赛上，往往也能有令人惊喜的收获。那么我们在创意比赛中，学习了周公的什么经验呢？就是每个小组的提案，都要由最年轻的，或最新进公司的员工来提，这样就能让他尽早得到锻炼，也让其他人能认识他。如果他骨骼清奇，也能让公司领导早点发掘他。

礼乐治国

原文

"践其位，行其礼，奏其乐，敬其所尊，爱其所亲，事死如事生，事亡如事存，孝之至也。"

华杉详解

孔子说，武王和周公能够继志述事，从他们制定的祭祀之礼如此完善就能看出来。当武王和周公祭祀的时候，他们站的就是当年文王祭祀先祖时站的位置，行的是当年文王行的礼，奏的是当年文王奏的乐，敬的是当年文王所敬的先祖，爱护的是当年文王所亲爱的子孙臣庶。由此可见，武王周公事奉先王无所不至，先王虽死，却仍然能像他在世一般为他做事，就和他在世的时候为他做事一样认真细致，这就是继志述事，孝之至了。

原文

"郊社之礼，所以事上帝也，宗庙之礼，所以祀乎其先也。明乎郊社之礼、禘尝之义，治国其如示诸掌乎！"

华杉详解

郊，是祭天。社，是祭地。上帝，是天。禘，是五年的大祭。尝，是秋祭。

张居正讲解说，武王和周公所制定的祭祀之礼，总而言之，有郊社之礼，有宗庙禘尝之礼。郊社之礼，是祭天祭地，感恩其覆载生成之德，厚德载物。宗庙之礼，或五年一大祭，或一年四祭，是祭祀祖先，体现报本追远之诚。这郊社禘尝，都是国家极大的礼仪，其中的义理微妙，难于测识。如果能明白这礼仪的奥妙，则理无不明，诚无不格，而治理天下国家的道理，就在其中，就像看自己的手掌一样清楚明白。

这就是礼乐治国。所谓最坏的社会，就是礼崩乐坏。**那礼乐和法律的关系是什么呢？法律就像咱们公司里的制度，而礼乐呢，就是企业文化。**一个公司，最重要的不是制度，而是价值观和企业文化。法律、制度是规定什么事情不能做，而礼乐文化，是能创造良善社会和激发每一个人的原力。

以上是第十九章。

人存政举

原文

哀公问政。子曰："文武之政，布在方策。其人存，则其政举；其人亡，则其政息。"

华杉详解

方，是木板。策，就是简、竹简。古代没有纸，书写在木板竹简上，所以叫布在方策。

鲁哀公问政于孔子。孔子说，文王、武王之政，不必远求，书上都写着呢。当时文王武王，都是开国圣君，又有周公、召公等贤臣辅佐，所行的政事都酌古准今，尽善尽美，布列在木版竹简之中，比如《周官》《立政》《周礼》等，纲纪法度，都历历可考。只是那一代的君臣，今天都已作古。如果当今之世，咱鲁国也有文王、武王那样的君，周公、召公那样的臣,那当时立下的政事,现在还照样可以一件件施行,而文武之治,自然也可以重现。只是那一代的君臣都不在了,那政事也就灭息了。这就是人存政举,人亡政息。

万事都有历史经验,你遇到的问题,前人都遇到过;你想做的事情,前人都做过。**所谓让历史告诉未来,就是从前人的经验中,从历史的大数据中去找答案。**只是呢,"非不能也,实不为也",不是不知道该怎么办,而是你自己不是那人,没有那心,不愿意那么干罢了。放不下自己的私欲,看不见治国的大道,又自欺欺人地研究探讨怎么把国家搞好。那怎么搞得好呢?

原文

"人道敏政,地道敏树。夫政也者,蒲卢也。故为政在人,取人以身,修身以道,修道以仁。"

华杉详解

人,是指君臣。敏,是快速。树,是栽种。蒲卢,就是芦苇。

上有明君,下有良臣,这就是得人。这人的道理,最能敏政,人一对了,事情就快得很!就像地的道理,最能敏树,土壤肥沃,栽种什么都长得快得很!而政事呢,是其中最快的,比种树还快,就像芦苇一样快。土壤对,人对,就呼呼地长起来了。

所以说为政的道理,就在于得人,能择贤臣而用之,则文武之政,纪纲法度,一件件都会振作起来。

鲁哀公就想了,是啊,关键是要得人!可是,我的周公、召公在哪里呢?我这些臣子不行啊!我们公司没人才啊!

孔子接着说:要得到对的人呢,关键在于你自己要对,要靠你自己的修为。因为人君之身,就是臣下的表率,你要率先垂范,则好恶取舍,皆得其宜，贤才也就乐于为你效力。要修身呢，又必于君臣、父子、夫妇、兄弟、朋友之道，各尽其当然之理，一身的举动，都在纲常伦理上周旋，则身无不修矣。而要修这些道，又要致良知，尽本心，五伦之间，都要诚意正心、真心实意地去运用。这就是以仁修道，以道修身，则上有明君；率先垂范，以身取人，则下有贤臣。这文武之政，又有何难哉？关键在要求自己。

儒家之道，推己及人，悦近来远，**你不要觉得手下的人不行。只要你行了，他们就行了。近处的贤臣得到发挥了，远方的贤臣就都往你这儿跑。**孔子说了，十室之邑必有忠信，何谓无人耶？

人亡政息，这个词知名度很高，大家都知道。不过，更重要的是前一句——人存政举。你自己还在，就要把这文武之政都举起来！

区别对待，而不是一视同仁

原文

"仁者人也，亲亲为大；义者宜也，尊贤为大；亲亲之杀，尊贤之等，礼所生也。"

华杉详解

仁就是人，仁不是外物，就在人身上，就是自己怎么做人，怎么对待他人。那怎么对待他人呢？我们说"亲亲仁人"，还有一个说法叫"爱人悯物"，就是亲亲、仁人、悯物这三个等级。这当中，亲亲为大，也就是亲爱自己的亲人。自己的亲人跟别人不一样，人一定是先爱自己的亲人，然后才推己及人、由近及远地去爱朋友，爱同事，爱家乡人，爱天下人。能博爱天下人了，然后才能爱护动物，爱护一草一木，爱护地球环境。这就是爱有等差，远近亲疏要分清。

儒家伦理，是社会的交通规则，就像一个没有红绿灯的十字路口，谁先走谁后走，次序分得非常清楚。儒家骂墨家是"禽兽"，就是针对墨家的"兼爱"思想。儒家说，兼爱，就是对自己家人和对别人的家人没差别，这就是禽兽。自己家孩子和别人家孩子一起掉水里，你不先救自己家孩子吗？但是，我们在新闻里看到，就是有人先救别人家孩子，结果让自己孩子淹死的。媒体还赞扬他无私，舍己救人。这种宣传明知道不合伦理，你自己也不可能去那样做，但是却盲目地去夸赞，这就不是仁，而是病，得治。

自己家人比朋友要亲，这个能做到吧？可我们经常做不到。在朋友面前，大谈自己兄弟的不是，跟朋友亲密共鸣比自己家人还亲，这也是毛病。

人比动物重要，这能分清吧？可也有很多人分不清。为了救一条狗而去伤害人的，也比比皆是。有一条新闻，说日本发生了一起灭门惨案，一位女子把自己的父母和外婆全部杀死，然后自己自杀了，起因竟是因为女子觉得家人不支持她供养流浪狗。

先是自己家人，然后是朋友同事，再然后才是陌生人，这不是很容易分清的吗？但就有这样的人，自己家人不顾，同事朋友有难也不帮，但是千里之外有地震海啸，他却捐款比谁都积极，把自己都感动得稀里哗啦的，这就是没有亲亲为大，没有由近及远。这都不是仁。

爱自己家人，然后能爱朋友同事，然后能爱他人，然后能爱动物，然后能悯物，能做到晚上加班，最后一个离开公司时检查关灯，走在路上注意不要踩草坪。这就做到仁了。

义呢，就是宜。分别事理，各有所宜，该怎样就怎样，什么事都恰到好处，就是宜，就是义。在义当中，尊贤为大。亲人按至亲、近亲、远亲来分，远近有别。而尊贤则按贤能、地位来分，高低有等，这就是礼。

张居正讲解说，有仁必有义。凡事物之中，必有当然不易的道理，是即所以宜也。然义虽无所不宜，唯有尊敬那有道德的贤人，才能讲明此理，而施无不当，所以义以尊贤为大。**这尊贤之间，也有不同，如大贤以师父待之，小贤以朋友处之，自然有个等级。这个等级，就是礼。**理解了这些道理，就能理解仁、义、礼，三者并行而不悖，则道德兼体于身，而修身之事毕矣。

企业里的仁、义、礼是什么呢？我的企业家朋友，景峰药业的创始人叶湘武跟我说过一句话，他说："我们公司不是以人为本，而是以人才为本。"这句话可为"义者，宜也，尊贤为大"的注脚。杰克·韦尔奇有同样的思想，他说，成功的团队来自于"区别对待"。

所以说，**仁，不是一视同仁，而一定是区别对待。**

知耻近乎勇

原文

"故君子不可以不修身；思修身，不可以不事亲；思事亲，不可以不知人；思知人，不可以不知天。"

华杉详解

这是总结上文。为政在人，为政在于得人；取人以身，得人在于修身；修身以仁，仁的起点是事奉双亲。而要尽亲亲之仁，必须有尊贤之义，所以不可以不知人。亲亲之仁，尊贤之义，都是天理，所以不可以不知天。

反过来，由知天来知人，知人以事亲，则领导者能修身而成为明君了。明君以身取人，则有贤臣，有了明君贤臣，则政无不举。

原文

"天下之达道五，所以行之者三：曰君臣也，父子也，夫妇也，昆弟也，朋友之交也，五者天下之达道也。知、仁、勇三者，天下之达德也，所以行之者一也。"

华杉详解

这是中庸的五达道、三达德。

达，是通达；达道，是天下古今所共由之道理。**孔子说的五达道，就是君臣、父子、夫妇、兄弟、朋友**。孟子说："父子有亲，君臣有义，夫妇有别，长幼有序，朋友有信。"

这些道理，一说大家都知道，但一条条对照着，想想自己有没有做到，就肯定没做到了。

首先，父子有亲。你上对父母，下对子女，亲不亲呢？不用说亲，恐怕花在父母、子女身上的时间都不多，亲也亲不着。

君臣有义。怎么学习这个君臣有义呢？要切己体察，放自己的事情上琢磨，而不要简单地放到所谓的"封建社会"中，去批判所谓的"儒家的忠君思想"。

君臣有义是相互的。孔子曰："君使臣以礼，臣事君以忠。"朱熹在《四书章句集注》里讲解说："使臣不患其不忠，患礼之不至。事君不患其无礼，患忠之不足。"你是老板，用人不怕他对你不忠诚，只怕自己对他礼数不够。你是员工，不怕老板骂你对你不够尊重，只怕自己对公司忠臣竭力还不够。双方都在自己身上找不足，不往别人身上要求，这就是君臣之义了。

孟子说得更深了一步："君之视臣如手足，则臣视君如腹心；君之视臣如犬马，则臣视君如国人；君之视臣如土芥，则臣视君如寇仇。"

臣要忠于君，那也得看君王对臣下如何。如果君王对臣下，能隆之以礼貌，推之以至诚，言听计从，情投意合，看他就似手足一般，一刻也离不开，那君对臣真是厚待了。如此则为臣者莫不感恩图报，矢志尽忠，一定爱养君德，使之愈加清澈明亮，保护君身，使之愈加强健坚固，就像腹心一般，与君王相依为命，终身休戚与共。这就是上下一体、恩义兼隆、明良相遇。

相反，如果人君待臣下，就像犬马一般，豢养他，让他奔走效劳而已，这样傲慢无礼，那人人都会疏远他，不和他亲近，也对他没什么怨恨，就像对不相干的路人甲一般。反正我只是干这活，挣这钱而已。

更有甚者，人君视臣下如泥土草芥，随意践踏斩杀，如此则人人自危，唯恐自身难保，自然离心离德，把那君王看作强盗仇人一般。

曾子说："用师者王，用友者霸，用徒者亡。"人君对臣下，是以师道相处，还是以朋友之道相处，还是只要听话的犬马，都能看出区别来。

君臣之义，还是忠恕之道，要始终站在对方的立场。因为当我们看到别人坚定地站在我方立场时，我们就觉得他特别义气！那么我们做生意，有没有站在客户的立场，代表顾客的利益？我们做员工，有没有站在老板的立场，代表老板的利益？我们做老板，有没有站在员工的立场，代表员工的利益？这就是义。星巴克的CEO说，CEO的职责就是服务员工，员工的职责是服务顾客，这就是深得君臣之义。

学习君臣之义，我们就懂得忠于我们的上级，尽心尽力，实心办事；对下级呢，待之以礼，心里随时装着他的利益，为他谋福利，谋前程。

再讲夫妇有别。这一伦，好像往圣先贤都不太多讲，孔子反而还留下了一句："唯女子与小人为难养也，近之则不逊，远之则怨。"大概也是因为"夫妇有别"，男女不一样，所以他老人家也搞不懂吧！夫妇之伦，从今天的现代社会来说，是儒家的一个弱项，因为在儒家的家庭观念中，夫妇不是核心，父子母子之间的孝道才是核心。这跟基督教的伦理完全不一样，也给今天的中国家庭造成了巨大问题。儒家五伦中，对君臣、父子、兄弟、朋友，都有明确的价值观要求和行为准则，唯有夫妇之伦，只有两个字"有别"，就相当于说"男女不一样"，好像男女不是一种生物，就连孔子也搞不定。孔子、孟子、朱熹、王阳明都没往深里讲这"有别"要怎么办，而其他人讲的都是他们自己添加发挥的，所以在这里，我也只能"阙疑"了。

长幼有序。大的照顾小的，小的要听大的，这就有序。

朋友有信。曾子著名的三省，就有朋友有信这一条。曾子曰："吾日三省吾身。为人谋而不忠乎？与朋友交而不信乎？传不习乎？"意思是，替人办事，尽心竭力了吗？和朋友交往，笃实守信了吗？老师传授的知识，温习了吗？练习了吗？

要守住以上五达道，就要靠三达德——知，仁，勇。

达德，是天下古今所同得之理。三达德是和五达道配套的。知道这五达道，就是知；能体悟深刻，就是仁；能严格要求自己做到，就是勇。

原文

"或生而知之，或学而知之，或困而知之，及其知之，一也；或安而行之，或利而行之，或勉强而行之，及其成功，一也。"

华杉详解

儒家把知之行之，又分了三个层次——生知安行、学知利行、困知勉行。

生知安行，是生而知之，安而行之。他天性就如此，不这样做他反而不自在，这是真正的仁者。

学知利行，是学而知之，利而行之。他知道这样做，对自己、对他人、对社会都真正有利，所以就去做，这是知者。

困知勉行，是困而知之，勉而行之。是吃了不这样做的亏，晓得厉害了，才督促自己，勉力去做。

孔子说，不管你从哪条路来，生知、利知、困知都好，安行、利行、勉行都行，只要你知了，行了，其成功一也！

原文

子曰："好学近乎知，力行近乎仁，知耻近乎勇。"

华杉详解

读书是为了省察自己，若只是为了"理解圣贤的思想"，可能很容易就觉得自己"理解"了，就翻篇了。只有认真、仔细、深刻、终身反复地拿圣贤的话来检查自己，日三省吾身，才是真读书，真理解，真好学，真力行，真知耻。

这一段是接着上面的"五达道"和"三达德"讲的。

父子有亲，君臣有义，夫妇有别，长幼有序，朋友有信，这五者，是天下古今所共由之达道。若能生而知之，安而行之，那是"知"的达德。**如果没能做到生知安行，但能好学，能学知利行，也就接近知了。**

如果没能深刻体会，融化在血液里，但还能勉力落实在行动中，也就接近仁了。如果这也没能做到，但知道自己没做到，并感到羞耻，这也就接近勇了。

这里比较容易有歧义的是"知耻近乎勇"。因为耻，总是和耻辱、雪耻联系在一起。所以很多人讲"知耻近乎勇"，总是举勾践卧薪尝胆的例子，或者韩信受胯下之辱而后发奋的例子，这就恰恰是不知耻了。

知耻，是自己没做到的，自己心里要知道羞耻。比如，深圳一个姑娘倒在地铁站50分钟，悲惨地逝去，其间没有一个人去救助她。那些冷漠旁观或走过的人，自己是否知耻，这才是知耻的真义。

深圳姑娘这件事，我虽然不在现场，但也深以为耻。所以我就请了专业的团队，给"华与华"的全体员工做急救培训，并且在公司里添置了心脏除颤仪，并把信息登录上网。这样我们就既有能力救助自己，也能为社会提供急救资源。

老人倒地你扶不扶，这最能体现"知耻近乎勇"。扶，是"恻隐之心，人之端也"，是每个人都有的良知；不扶，是因为那可能是坏人，准备讹诈你钱财的。但是，你如果不扶就深以为耻，自己接受不了自己，于是宁愿冒被讹诈的风险，有了扶的勇气。这就是"知耻近乎勇"。

我上中学时，有一次和我们校长张云生老师走在一起，我走在他前面，路过一个开着的水龙头，我没在意就走过去了，而他却在我身后，把水龙头关了。这件事我深以为耻三十年，从此见了水龙头都仔细看关紧没，成了强迫症。2015年我再次见到校长时，对他说，我一不该走您前面，二不该没关水龙头。张校长哪里还记得这么一件小事，他感慨说："看来我们教育工作者对学生一生的影响，往往不在于我们循循善诱了什么，而是我们自己身体力行的一些小事。"

所以，有了好学、力行、知耻这三个意识，才能修身，才能齐家，才能治国、平天下。

我们每天都要知耻，给客户干的工作没干好，知耻吗？老板交代的事情没有尽心尽力，知耻吗？承诺朋友的事没给人家办，知耻吗？承诺给员工的年终奖，又找理由克扣或推迟发放，知耻吗？该给供应商的钱老是拖着，知耻吗？

每天都要知道自己"缺德"。不要认为缺德是骂人的话，你敢说自己不缺德吗？连别人缺德咱们都操心，自己缺德却还不知耻，你不着急吗？

原文

"知斯三者，则知所以修身；知所以修身，则知所以治人；知所以治人，则知所以治天下国家矣。"

华杉详解

三者，就是上文的三近——好学近乎知，力行近乎仁，知耻近乎勇。

孔子接着说，修身以道，而知、仁、勇这三达德，就是行道的。人如果知道好学、力行、知耻这三件事，便可以入于达德，行乎达道，如此则修治其身之理，无所不知矣。既然知道了自己要怎么修身，那么如何领导他人的道理，也就在其中。因为在我的道理，就是在别人的道理。既知如何领导他人，也就知道如何治国平天下了。**因为一个人的道理，也是千万人的道理。**

修身两条道：慎独与择友

原文

"凡为天下国家有九经，曰：修身也，尊贤也，亲亲也，敬大臣也，体群臣也，子庶民也，来百工也，柔远人也，怀诸侯也。修身则道立，尊贤则不惑，亲亲则诸父昆弟不怨，敬大臣则不眩，体群臣则士之报礼重，子庶民则百姓劝，来百工则财用足，柔远人则四方归之，怀诸侯则天下畏之。"

华杉详解

这是继五达道、三达德之后，讲治国的九经。

经，就是常道，是经常要注意的、时刻要遵守的。

九经中，第一是修身。因为天下之本在自身，所以修身是九经之本。要让自己的一举一动，都足以成为天下的表率。修身则道立，立的就是你自己率先垂范的行为。达道达德，浑然全备，足以为大家的表率，这就是领导力。

那修身靠什么呢？也不是全靠自己，也要靠良师益友，所以必须亲师择友，然后修身之道进，**所以尊贤列为九经第二。**

儒家对交友的重视是历代圣贤反复强调的。《论语》第一章就说："学而时习之，不亦说乎？有朋自远方来，不亦乐乎？"为何把朋友和学习并列呢？因为交友就是学习。王阳明、曾国藩都把读书与交友列为自我修养的两件大事。我们自己也都有体会，朋友对我们的影响，实际上比读书更大、更直接、更起效，所以找朋友和读书一样重要。"尊贤则不惑"，那良师益友熏陶我，启发我，如此则聪明日开，闻见日广，于那修己治人的道理，都明白贯通，无所疑惑。

我们再温故知新、复习总结一下修身。修身的两条道，是慎独和择友。自己独处时，要慎独，戒慎恐惧，自己注意。和他人交往呢，要仔细选择自己的朋友，要交益友，不要交损友。孔子说："益者三友，损者三友，友直，友谅，友多闻，益矣。友便辟，友善柔，友便佞，损矣。"我们要交三种益友：耿直的朋友，实在的朋友，有见识的朋友。要远离三种损友：装腔作势的朋友，谄媚奉承的朋友，夸夸其谈的朋友。择友原则要坚决，关键是珍惜自己的时间。

第三是亲亲，你的修养提高了，首先影响到的是自己的家庭，还有同姓的宗族。对自己的亲族，要施与更多的恩泽，不能跟外人一样。

亲亲则诸父昆弟不怨，意思是，亲爱父母兄弟，家里就没有怨气。因为家里太容易生怨气，所谓恩怨恩怨，没有恩，就没有怨；有恩，就有怨；恩有多大，怨就有多深。所以，关系越亲密，就越容易生怨，君子一定要注意。

这里要补充一下，既然说"由近及远"，那为什么亲亲在尊贤后面呢？因为尊贤是帮助修身的，是修身的一部分。

由家及朝廷，**所以第四、第五条依次是敬大臣和体恤小臣**。前面讲过要区别对待，对大臣要礼敬，体貌恩数都要加隆，不可同于小臣。对小臣要体恤，以我之心度彼之心，己欲立而立人，己欲达而达人，把群臣都看作我自己的四体一般爱护。放到今天，就是要体谅下属，不要一味地压榨他们的青春。

敬大臣则不眩。眩，就是迷。怎么会迷呢？因为总是听人谗言。所以如果你尊敬大臣，小臣太监就不敢轻易给你递小话。你一旦表露出轻视轻蔑，马上就会有人煽风点火，你就眩了、迷了。我们都有弱点，容易受人影响，所以要自己警醒。所谓用人不疑，就是对大臣要信任专一，使他能展布才能，这样当你临大事、决大疑时，就会有顾问咨询，不至于迷惑。

体群臣则士之报礼重。能体恤群臣，则大家感激振奋，都能尽心竭力。

子庶民则百姓劝。要视百姓为自己的子女，爱民如子，乐民之乐，忧民之忧。然后再从自己的人民，讲到吸引天下人才，诸侯宾服，所谓来百工、柔远人、怀诸侯。这从一到九，是儒家推己及人、由近及远之道。

来百工则财用足。这是讲"招商"，齐国的管仲是这方面的大师，他取消关税，提供服务，让天下百工都来，则农工商相资为用，财用充足。

柔远人，就是要绥柔远方来的客人，加意款待。他离乡去国而来，到了咱们这儿，要把他照顾好。

怀诸侯，是怀服四方的诸侯，让他们成为我天朝上国的藩属，无有离叛之心，这就是我们千邦进贡、万国来朝的骄傲了。德之所施者博，威之所制者广，天下畏服，就是中国传统思想的大国崛起。

对高、中、基层不同的人力资源政策

原文

"齐明盛服,非礼不动,所以修身也;去谗远色,贱货而贵德,所以劝贤也;尊其位,重其禄,同其好恶,所以劝亲亲也;官盛任使,所以劝大臣也;忠信重禄,所以劝士也;时使薄敛,所以劝百姓也;日省月试,既禀称事,所以劝百工也;送往迎来,嘉善而矜不能,所以柔远人也;继绝世,举废国,治乱持危,朝聘以时,厚往而薄来,所以怀诸侯也。凡为天下国家有九经,所以行之者,一也。"

华杉详解

这一段还是接着说九经的事。

齐明的齐是斋戒,明是明洁。人总是不喜欢拘束,乐于放松放纵,所以不能修身。如果能做到内心时刻像斋戒时那样,明洁以收敛其心志,外表呢,衣着庄重以整肃其容仪,凡事都依着礼法,不合乎礼节的事绝对不去干,这样内存外养,动静不违,一举一动都不逾矩,就是修身了。

这么说,修身要从穿正装开始,这一条我们平时做得挺差的,再加上IT土豪们的示范,大家更是跟着放松自己。其实,工作场合的正装,是对自己的约束,也是对别人的尊重,还是应该有要求。平时说话做事呢,"把尾巴夹紧",保持警醒,非礼不动,就是修身。

如何尊贤劝贤,让大家都尊重贤德、见贤思齐呢?要去谗远色。去谗和远色，本质都是去谗。让人看到，近臣和亲密关系都不会影响你的判断，你唯贤是举，唯德是听，轻财货，重贤德，如此则人人思贤德，而不是钻研怎么跟你亲近，或给你送礼。

对自己家族的人，要给他们高位厚禄，与他们同呼吸、共好恶，如此则天下人都效仿而家族亲近。总之家庭观念要强，要照顾好家里人。别放着自己家里人不管，却在外面大张旗鼓捐款慈善感动中国，那不是善，而是自欺欺人的伪善。

对大臣，要多给他配助手，让他官属众盛，足任使令。因为大臣不应当亲理细事，所以要让他摆脱繁杂事务，专心干大事。

对下臣，要忠信厚禄，待之诚而养之厚。待之不诚，则各生疑畏；养之不厚，则自顾不暇而不肯尽力。所以必须待之以忠信，开心见诚，不去猜疑他；养之以厚禄，让他的父母妻子都有所仰赖，没有后顾之忧。这样，他就会乐于趋附以报效。这是劝士之道。

对百姓要时使薄敛。也就是要使民以时，不要在农忙时派役，一定要到了冬闲时节，再安排公共工程；要降低税赋，百姓才能休养生息。这样百姓既有余财，又有余力，自然欢欣爱戴。

对百工，要日省月试，既禀称事。百工技艺之人，有的勤快能干，有的懒惰愚笨，所以要日日省视他，月月考核他。根据他的绩效，给他报酬。既禀称事的既，就是饩，是肉；禀是米；既禀，就是每个月给他的报酬，就是月薪、工资。日省月试，既禀称事，就是通过绩效考核，让每个人拿到的报酬和他的贡献相当，这样大家才愿意努力干。否则吃大锅饭，干多干少、干好干坏都一个样，就养懒汉了。

这里我们注意到，对大臣、小臣和工人，有不同的人力资源政策。总之越是从事体力劳动的、职位较低的人，考核期就越短。最短的，就是现在的小时工资制、计件工资制了。而对从事智力劳动的高级人才呢，就官属众盛，忠信厚禄，支持他自己去发挥。

柔远人，送往迎来，嘉善而矜不能。张居正讲解说，有国际友人来访，在他来的时候，要送他丰厚的粮食物资，让他一路衣食住行都无忧无虑；在他要走的时候，要给他通关旌节，一路欢送。对有才德的，愿意留在我们这里任事的，就嘉美他，给他事做，让他发挥；对能力差的，也要宽恕他，不要强他所难。

怀诸侯呢，要继绝世，举废国，治乱持危，朝聘以时，厚往而薄来。有子孙绝嗣的，要帮他找寻旁枝，确立继承人，续上香火；有国亡的，要帮他恢复故国；国家动荡危乱的，要出兵帮他主持正义，恢复秩序；来中央朝聘，让他每年一小聘派大夫来就行，三年一大聘就派卿来，而诸侯国君自己可以五年来一次，这样就不劳其力，他也不用太辛苦，也不用他送什么礼，以免劳民伤财，但是我们送给他的回礼，一定要丰厚。这样天下诸侯就都会竭忠尽力，藩卫王室，而无背叛之心。

以上就是治理天下国家的九经，那怎么执行呢？所以行之者一也。这个"一"是什么呢？就是一个字——诚。

存的是实诚的心，行的是实诚的事。

做个实诚人

原文

"凡事豫则立，不豫则废。言前定，则不跲（jiá），事前定，则不困，行前定，则不疚，道前定，则不穷。"

华杉详解

凡事，就是前面讲的五达道、三达德、九经，以及应事、接物、待人的日用常行之事。

豫，一般解释为同"预"。凡事预则立，不预则废，意思是，凡事预先有准备才会成功，没准备就会失败。这么理解也不错，但不是中庸的境界。

朱熹对"豫"的解释是素定，定在哪儿呢？就是上文说的"凡为天下国家有九经，所以行之者一也"的这个"一"，也就是诚。所以豫，是定于诚。凡事我诚心诚意去做就会成功，不诚心诚意就会失败。因为不管怎么预备也赶不上变化，我只有定于诚，千变万化，我只以诚待之，如此则四通八达，智慧无穷。

言前定，则不跲。跲，是跌倒的意思。言前定，不是跟人说话前先想好怎么应对，而是定于诚。诚心诚意，有一说一，说的都是实话，自然顺理成章，不会磕磕绊绊。

事前定，则不困。对任何事物先立于诚，则一通百通，自然明白，不会受到困窘。

行前定，则不疚。做什么事，采取什么行动，都先立乎诚，则能坦荡为人，不会左赡右顾，患得患失，不会枉道从人，搞得自己心里不舒服，还给别人添一大堆说法，做什么都坦荡洒脱，问心无愧。

道前定，则不穷。对道理先立乎诚，对纷纷扰扰，我只以一个诚字待之，则世事洞明，智慧无穷尽也。

这就是中庸之道，凡为天下国家有九经，所以行之者一也，定于诚也。

原文

"在下位不获乎上，民不可得而治矣；获乎上有道，不信乎朋友，不获乎上矣。信乎朋友有道，不顺乎亲，不信乎朋友矣。顺乎亲有道，反诸身不诚，不顺乎亲矣。诚身有道，不明乎善，不诚乎身矣。"

华杉详解

在下位者，如果得不到上级的支持，你就无法开展工作，治理下级。那要如何得到上级的支持呢？不是去琢磨怎么谄媚取悦上级，而是诚心诚意、诚实守信地对待你周围的朋友，这样上级自然会知道你是什么人。如果你平时为人，不能见信于朋友，那你的名声就不好，传到上级那儿的也是坏名声，又怎么能得到上级的注意和信任呢？

这里有一个最基本的道理，上级怎么看你，不是看你怎么待他，因为当你待他时，你可能是有目的的，是刻意的。**上级是通过观察你平时怎么做人做事，怎么对待朋友，或者听其他人对你的评价，从侧面来判断你的。**

那要如何获得朋友的信任呢？跟家人亲近孝顺就是了，这样朋友自然会信任你。如果一个人，对自己父母都不孝，跟自己家人都不亲，如何能让朋友信任他呢？所以我们常说，某人是个大孝子，那他做朋友也一定是可靠的。

那如何家庭亲近和睦呢？你自己真心敬爱、真实无妄就行。不是要像二十四孝里那荒唐可笑的老莱娱亲，七十岁还在父母面前穿花衣服，学小儿哭啼。而是要像《礼记》里说的那样，"孝子之有深爱者必有和气，有和气者必有愉色，有愉色者必有婉容"，一切都发自内心之诚，自然而然。

那诚身之道又在哪里呢？也不是要你鼓起劲，架起势，觉得"我要诚身了"！**而是去洞察人心天命之本然，理解至善的原理，然后就有止于至善的大智慧。**否则，好善未必是真好，恶恶未必是实恶，其所存养和生发的，也未必真实无妄了。

原文

"诚者，天之道也。诚之者，人之道也。诚者，不勉而中，不思而得，从容中道，圣人也。诚之者，择善而固执之者也。"

华杉详解

"诚者",是真实无妄,天理之本然。"诚之者",是没能真实无妄,而希望努力做到,是人事之当然。

天道本诚,人道求诚。天以实理生万物,人以实理成之为性,率性而为。本来就没有什么间杂,不需要修行,就是天理人性,自然而然,所以说是天之道也。但是,如果为气禀所拘、人欲所蔽,不能做到真实无妄,于是努力去追求那真实无妄的去处,这是人事之所当然,就是人之道也。

本诚的诚者,生而知之,安而行之,不需要勉励鞭策,也不需要思考求索,从容中道,圣人也。

我们之前举过吃亏占便宜的例子。有的人怕吃亏,一旦发现自己吃了亏,就像吃了一只苍蝇,一百个受不了;有的人怕占人便宜,一旦发现自己不小心占了别人便宜,就像吃了一只苍蝇,马上要吐出来。**诚者,就是不怕吃亏,最怕占人便宜的人。**

所以,凡是说"吃亏是福""吃小亏,占大便宜"的人,都不是诚者,因为他们心里不实诚,还是怕吃亏,还是想占便宜。同理,说"好人有好报""好人一生平安"的人,也不是诚者,也是心里不实诚。因为好人求仁得仁,不求报,压根儿就没有想要回报这个念头。好人也不求平安,只求自己心安。仁者不忧,知者不惑,勇者不惧,再加上一个夭寿不贰,不需要求什么平安。所以,坏人不知道好人有多好,好人不知道坏人有多坏,双方的价值观差距太大,坏人的世界只有趋利避害,而本诚的诚者,在乎的都是自己的内心。

做不到本诚的诚者,做不到不勉而中、不思而得的生知安行,那我就做一个努力求诚的诚之者,学知利行,困知勉行,择善而固执,不离诚之中道。

我们经常思考问题,经常焦虑,其实本质都是心不诚,各种私欲、杂念、虚荣、幻想太多。若能诚意正心,不患得患失,只求自己心安,则多少事不勉而中，不思而得，自由自在，静候佳音，势如破竹。再看过去的自己，可笑矣！

学习学五条，少一条就不是真学习

原文

"博学之，审问之，慎思之，明辨之，笃行之。"

华杉详解

博学、审问、慎思、明辨、笃行，这是学习之道，是"学习学"的纲目。程颐说："五者废其一，非学也。"这五条是"学习学"，少一条就不是真学习。让我们来一条条体察一下。

第一是要博学。学习首先是一个数据录入和积累的过程，学习怎么学通的呢？都是触类旁通。**你脑子里的数据要够多，它们之间才能相互发生化学反应**。所以读书必须旁搜远览，于古今中外事物之变，无不考求，广博见识，如此才能义理精通。

有朋友曾经问我："为什么你读书能记住，而我读书却老是记不住呢？"

我说："因为你没读完。"

他承认确实没读完。很多人都爱读书，还成天找人开书单，但都是买书如山倒，读书如抽丝。即便是"读过"的书，其实也只是翻过，很少有一本读完的。

曾国藩讲读书时说："一本未完，不动下一本。"这样才能保证每本书都读完。我自己的体会是，一本未完，不动下一本，还是有点枯燥。我通常是三本书同时在读，一本专业书做主攻，一本历史书做调剂，还有一本轻松的文学类书籍做休息消遣，就像上学时，语文、数学、英语几本课本都在书包里，每天有不同的课。但是一定保证每本都读完。

我朋友又问："确实好多书只是翻一翻，没有认真读完。但是，也有的书我读完了，也还是记不住，为什么？"

这个问题的答案也很简单，我说："因为你只读了一遍。"

德国心理学家艾宾浩斯专门研究学习与遗忘，遗忘在学习之后立即就开始了，而且遗忘的进程并不是均匀的。最初的遗忘速度很快，之后便逐渐缓慢。他认为"保持和遗忘是时间的函数"，并根据他的实验结果绘成描述遗忘进程的曲线，即著名的"艾宾浩斯遗忘曲线"。

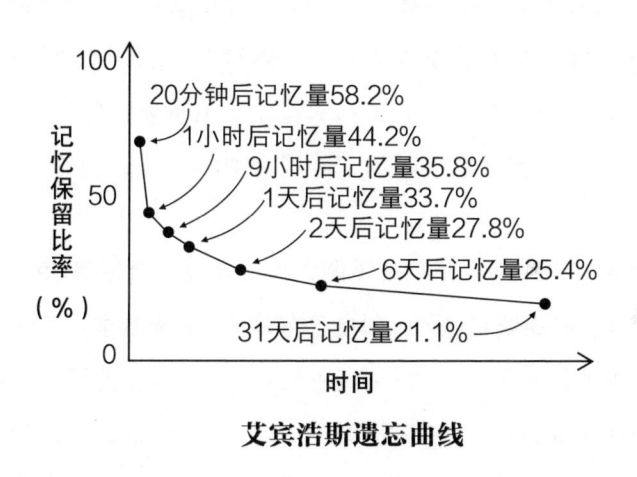

图中数据：
- 20分钟后记忆量58.2%
- 1小时后记忆量44.2%
- 9小时后记忆量35.8%
- 1天后记忆量33.7%
- 2天后记忆量27.8%
- 6天后记忆量25.4%
- 31天后记忆量21.1%

纵轴：记忆保留比率（%）
横轴：时间

艾宾浩斯遗忘曲线

从这条曲线上我们可以看到，刚记完20分钟，就差不多忘记了一半，而六天后只剩四分之一了。而且，这还是以你吸收了100%为前提假设的。我们读一本书，当这本书最后一页读完合上的时候，有没有理解记忆100%呢？恐怕这时能有25%就不错了！这样算来，20分钟后就只剩13%了，六天后只剩6%了。可怕不？

所以，要温故而知新。一本书不能只读一遍，要读三遍。重要的书，还要每隔三年重读一遍。书虽没有变,但是你在变,今日的你不是三年前的你了,所以读到的体会就不一样。

一本书要反复读,也要多读不同的书。在这本书上没注意、没理解的,在另一个地方看到,就触类旁通了。

这么看来,怎么才能博学呢?就是要花大量的时间读书。要用压倒性的时间投入,大块大块的时间投入。怎么安排出时间来?曾国藩讲了两条:一是少举事,少应酬,晚上不要出门,早上早起。少举事,就是少做点事。当时他是叫弟弟曾国荃打下南京城,衣锦还乡之后,不要头脑发热,今天给家乡捐一条路,明天捐一座桥。这样表面上是做好事,但是却耗费自己的精力,耽误自己学习自修。而咱们今天,各种不必要的事务就更多了,手机有那么多信息要看,外面有那么多的论坛演讲要参加,还有各种不速之客,动不动就约来"一起聊聊",哪还有时间读书呢?其实这还是你自己把所有无聊的事都看得比读书重要,所以就没法深入学习。如果要学习,就跟谁也不约,除了必要的工作,拒绝一切可约可不约的人。

曾国藩讲的第二条,是日日不断之功。他说,**做任何学问,都必须有日日不断之功,一定要有计划,对自己有要求,每天都学。**他讲得很具体:你不能说今天忙,就把今天的学习任务放到明天;也不能说今天有时间,就把明天的功课先做了,一定是每天做当天的;你也不能说我这几天要出差出门,回来再补,你出门总得住旅馆吧?那就把功课带着,到旅馆去做。

你看,曾国藩讲得这么具体,他自己就是切实笃行地这么做的,然后才告诉我们。我就也按他说的做,每天早上五点起床做我的功课——写作。坚持了几年,写了五六本书,我想再坚持几十年到死应该也没问题吧。自己养成了习惯,就不愿意打破,我就是生病住院,早上的功课也没耽误。不管做什么事,首先是把时间排出来。

第二个讲审问。读书学习,总有不懂的地方,不懂就问,一定要把它弄清楚，没搞清楚就不要放弃。如果"好读书，不求甚解"，那读一千本不如认真读一本。学就要学个明白。

不明白就要问，脸皮要厚，要仔细问明白，而且要真问。很多人问问题都是假问，要么是根本没提问，只是借提问之名，表达一下自己的观点，要么就是提的问题和老师讲的事根本无关，还有更多是挑战式提问，这些都不是为了自己学习。所以审问之，是诚的修炼，而提问，本身就需要诚意之问。如果提问本身就没诚意，也就修炼不到诚了。

第三是慎思之。这个慎思的慎，有两个方面的意思，一是问得明白了，回家还要自己仔细思索，切己体察，事上琢磨，然后有所得。另一方面呢，也是叫你别钻牛角尖，别想得太多，这样会变成穿凿附会，不是真心求道了。要本着大道至简的平易之心，求之于真切之处。

第四是明辨之。是于义理精微、公私之间加以辨别，辨其何者为是，何者为非，何者似是而非，何者似非而是，这些都一一明辨了，然后就能尽其精微，丝毫不差。

注意，这里的"明辨"，是"辨"而不是"辩"。**有句话叫"真理是越辩越明的"，此言非也！真理是越辩越糊涂的才对。君子明辨而不辩，辨析的辨是有诚意的，而辩论的辩就没诚意。**辩论往往是比赛，是为了争胜，所以叫"屡变以求胜"，说法变来变去，相互挖坑，就是为了压倒对方，而不是为了一起追求真理，一起解决问题。就像我们公司里开会，本来是要一起解决问题，但是很容易就会变成辩论争胜，再把胜负跟自己的权位联系起来，那这会议就算完蛋了。

最后讲笃行。博学了，慎思了，审问了，明辨了，前面四条都一百分了，但是，没有笃行，那就都是虚文，都是一场空。因为知行合一，没有笃行，就是一场空。博学、慎思、审问、明辨、笃行，你一定都要笃实去做，才有体会，才是真知。

这一段，还是在讲前面的择善而固执之。博学、审问、慎思、明辨，就是择善，从知识义理的海洋中把善择出来；而笃行，就是固执之，坚持去做。

原文

"有弗学，学之弗能，弗措也；有弗问，问之弗知，弗措也；有弗思，思之弗得，弗措也；有弗辨，辨之弗明，弗措也；有弗行，行之弗笃，弗措也。人一能之己百之，人十能之己千之。果能此道矣，虽愚必明，虽柔必强。"

华杉详解

弗，是不。措，是放弃。

博学、审问、慎思、明辨、笃行，都是求诚的事，但是每个人资质禀赋不一样，未必人人都能一下子就干成，必须专心致志，笃实用功，才能有所成就。于古今事物之理，不学则已，但要学时，便要博闻强记，件件都搞明白才罢，有一件没搞明白，就不放弃。有疑问的，一定要去问，有一件没问明白，也不放弃。该思索的，一定再三筹度，融会贯通才罢，有一件没想明白，也不放弃。该辨别的，一定细细剖析，做到明白不差才罢，有没辨明白的，也不放弃。要切实笃行，凡事彻底，有做不彻底的，也不放弃。

如此这般，别人一遍就会的，我就做一百遍；别人十遍练成的，我就练一千遍。真能这样下功夫，义理自然浑融，气质自然变化，虽是生来愚昧的，久之亦豁然贯通，而进于明矣；虽是生来柔弱的，久之亦毅然自守，而进于强矣。如果你本来就是聪明强毅的，又能勤奋砥砺，定能成大智大勇之人。

曾国藩说，读书能改变人的气质，进而说，读书能改变人的骨相。 他自己并非天资超群之人，就是靠这种"人一能之己百之，人十能之己千之"的精神，成为一代圣贤。

以上是第二十章。张居正讲解说，这一章讲帝王治天下的大经大法，极其详备。首先讲文武之政，在于有明君贤臣，而明君贤臣的关键，在于国君之身，因为有什么样的君，就有什么样的臣。然后讲以三达德行五达道，都是修身之事。治天下国家有九经，这九经，都是靠自己修身，由内而外，由近及远，扩充放大推广到家国天下。最后讲修己治人，都本于一个字——诚。至诚，是天德。九经，是王道。有天德，而后可以行王道。这天德王道从哪里来呢？从学知利行中来，从学习中来。怎么学习呢？博学、审问、慎思、明辨、笃行。

诚是最大领导力

原文

自诚明，谓之性；自明诚，谓之教。诚则明矣，明则诚矣。

华杉详解

自，不是自己，而是由，从哪儿到哪儿。诚，是真实无妄。明，是事理通达。

自诚明，是由诚而明，因为真实无妄，从而事理通达，这叫作性，就是《中庸》第一篇说的"天命之谓性"。自明诚，是由明而诚，先明白了什么是善，然后能实行其善，这叫作教，就是《中庸》第一篇说的"修道之谓教"。

诚则明矣，明则诚矣。人之造道等级虽有差别，但是只要去做，成功都是一样的。真实无妄，自然事理通达；事理通达，自然也真实无妄。

这一段，和前面讲的生知安行、学知利行、困知勉行相似。"或生而知之，或学而知之，或困而知之，及其知之，一也。或安而行之，或利而行之，或勉强而行之，及其成功，一也。"自诚明，就是生知安行。自明诚，就是学知利行，只要去做了，成功都是一样的。

以上是第二十一章。

原文

唯天下至诚，为能尽其性。能尽其性，则能尽人之性。能尽人之性，则能尽物之性。能尽物之性，则可以赞天地之化育。可以赞天地之化育，则可以与天地参矣。

华杉详解

张居正讲解说，天下之至诚，是说圣人之德，极诚无妄，所以天下莫能过他。赞，是助。化育，是变化生育。参，就是叁，并立为三。

天命之性，本来就真实无妄，只是为气禀所拘，人欲所蔽，见得不明，行得不到位，所以不能尽性，不能充分发挥。只有那天下至诚的圣人，生而知之，安而行之，纯乎天理而不杂人欲，故能于天命所性之理，察之极其精，行之极其至，而无毫发之不尽也。

举个例子，我们为客户服务做事，如何才能尽性，才能把自己的聪明才智充分地发挥出来呢？就是真实无妄，就是"存天理、灭人欲"。**天理，就是把客户的事情做好，该怎样就怎样；人欲，就是希望客户能认可我，继续拿他的钱，签他的新合同。**存天理，则真实无妄，充分发挥自己，遇上那不接受我的，以道事君，不可则止，用之则行，舍之则藏，不做就是。这样剩下来的都是能让我尽性的客户，我也能真正充分发挥，能给人家创造价值。反之，如果偏向人欲一边，一味想维护和他的合作关系，就会枉道事人，就会扭曲，发挥不出价值，这样就成了欺骗。

所以，唯天下之至诚，为能尽其性。只有至诚无私，才能进入自由王国，充分发挥自己。至诚者得天命，天命在我，察之由之，听天所命，巨细精粗，无毫发之不尽也。

天下之人，虽有智愚贤不肖的不同，但是他的本性和我也是一样的。人之初，性本善，性相近，习相远。天命之性都一样，只是气禀有差别，后天习染不同。圣人既然能尽己之性，那推己及人，设立政教，以整齐导化之，使人人都复其性之本然，这样就能尽人之性了。

这是讲领导力。**至诚之人，能充分洒脱地发挥出自己的最大能量，同时，也能让团队里所有人都充分洒脱地发挥自己**。这就是领导者的职责，从成就自己，到成就他人，让团队中每一个人都尽性，都得到充分洒脱的发挥。一个公司的领导者，要让全公司每一个人都尽性，都得到充分洒脱的发挥；一个小组的领导者，要让小组的每一个人都尽性，都得到充分洒脱的发挥。那么，一个国家的领导人呢，他的职责就是让全国每一个人都尽性，都得到充分洒脱的发挥，没有一个人憋屈扭曲。

由人再到物，要使天下万物，也都能各遂其性之自然，山川河流、草木鸟兽、地球环境，还有大气层、太空，都得到最好的发挥。**这样的至诚之人，能从尽己之性，尽他人之性，到尽万物之性，如此则可参赞天地之化育，与天地并列为三——天、地、我。这就是天人合一，就是厚德载物，就是圣人了**。

所以成功者是尽我之性，成就自己。领导者要尽人之性，成就他人。伟人是尽天地万物之性，厚德载物，化育天地。

唯天下之至诚。诚，是最大的领导力。

以上是第二十二章。在本书《中庸》部分开始时，我说过，中庸之道就是从率性到尽性，道理就在这一章了。

至诚如神

原文

其次致曲，曲能有诚，诚则形，形则著，著则明，明则动，动则变，变则化，唯天下至诚为能化。

华杉详解

上一章讲天下之至诚的圣人，能尽己之性，能尽他人之性，能尽天地万物之性，从而厚德载物，参赞天地之化育。而这里"其次致曲"的"其次"呢，就是次一等的人，达不到圣人的境界，算是贤人吧。你觉得圣人那境界太高，你达不到，那怎么办呢？就退而求其次，其次致曲。

曲，一偏也。**圣人能举其性之全体而尽之，咱们做不到，就抓住一个善端发见的一偏处，推而致之，扩充放大，也可各造其极。**

所以你抓住你能抓住的一件事做就好了。

这里的致曲，就是致良知，抓住那一点点良知发见处，推到极致。也可以结合孟子的"四端论"来学习："恻隐之心，仁之端也；羞恶之心，义之端也；辞让之心，礼之端也；是非之心，智之端也。"张居正讲解说："有一念恻隐之发，则推之以至于无所不仁；有一念羞恶之发，则推之以至于无所不义；有一念辞让之发，则推之以至于无所不有礼；有一念是非之发，则推之以至于无所不智。"

扩充放大，是人性，也是儒家修行的一个基本原理。 对自己，如果你把贪欲扩充放大，就会越来越肆无忌惮，破罐子破摔；如果你把善念扩充放大，就会越来越珍惜自己的善，不愿意沾染一点点恶念。

曲能有诚。一偏之曲，既然无所不至，把自己充满了，那你只要诚心诚意去做，自然就会表现出来，诚于中而形于外，在你的动作威仪之间发散出去，这就是诚则形。

形则著，表现出来就很显著。所以不要有怨气，以为你吃了暗亏，做了好多贡献、好多工作却没人知道。有怨气就是心不够诚，心不够诚自然就表现不出来，就不显著。如果一心只有诚，就会日新月盛，越来越显著。

著则明。盛大而有光明，光辉就照耀出来了。内有实德，则外有光辉，这就是光辉形象。

明则动。诚于中而形于外，显著光明，其他人看了自然感动，也被感染而兴起好善之心。诚能动物，能动人，因为光辉动人。

动则变。物从而变，人从而变，你的心态、心情，和周围的人、物、环境，都随着你的诚而变。

变则化。能感化全世界的人，可以赞天地之化育，可以与天地参矣。

所以唯天下之至诚为能化。这一节开篇是讲"其次"的，做不到圣人的普通人，有好善好德的上进心，就从致曲开始，从小事做起，抓住一个个小小的善端，扩充放大，最终，经过曲能有诚、诚则形、形则著、著则明、明则动、动则变、变则化的过程，也能达到天下之至诚才能达到的化育天地的化境。所以，虽然从致曲入手，其成功是一样的。就像前面讲生知安行、学知利行、困知勉行三个层次，起点虽然不同，但是只要你去做了，成功是一样的。

加油吧！

以上是第二十三章。

原文

至诚之道，可以前知。国家将兴，必有祯祥；国家将亡，必有妖孽；见乎蓍龟，动乎四体。祸福将至，善，必先知之；不善，必先知之。故至诚如神。

华杉详解

无私则明。我们看人、看事、看世界，总是从自己的私心去看，从自己的情绪去看，从自己的立场去看，从自己一厢情愿的愿望去看，所以我们看不明，我们会主动自欺欺人地把自己搞糊涂。所以西谚说："我们相信一些事情，只不过因为我们希望它是真的。"

为什么旁观者清呢？就是因为旁观者没有利害，没有情绪，没有期待，所以在这局势里，他就看得清；而当局者，总是希望通过自欺去欺人，其结果往往是只成功一半——自欺成功，欺人失败。

至诚者则不同。国家将兴，必有祥兆，国家将亡，必有妖孽，要么从龟背占卜表现出来，要么从那人的动作威仪之间流露出来。惟诚之至极，无一毫私伪留于心目之间者，才能觉察其细微的迹象。

至诚是什么呢？**达到了至诚的境界，在至诚者的心目间，一切私就都透明了，一切人也都透明了。**就像《黑客帝国》里的尼奥看母体世界一样，就没有秘密了，一举一动，一丝一毫，都洞然明白。故来者善与不善，一目了然，国运兴亡，也能先知先觉。

至诚者，天理人情无所不知，理解社会运行的基本原理和底层逻辑，洞悉人性的一切秘密，而他自己的心底，又没有一丝私心杂念的蒙蔽，所以心如明镜，来者则照，无不了然，所以说，至诚如神。

以上是第二十四章。

不诚无物

原文

诚者自成也,而道自道也。诚者物之终始,不诚无物。是故君子诚之为贵。诚者非自成己而已也,所以成物也。成己,仁也;成物,知也。性之德也,合外内之道也,故时措之宜也。

华杉详解

诚,是真实无妄。天下之物,都有一个真实无妄的天理、物理,因为这个物理,它才生成这物,如果是另一个物理,那就是另一物了。所以说,诚者物之终始,不诚无物。所以说,诚者物之所以自成也,也是人之所以自成也,诚是人所以自诚其身的道理。张居正打比方说,实心尽孝,才成为人子,实心尽忠,才成为人臣,所以说是自成的。

诚在应事、接物、待人的日用常行中体现出来,就是道。这道,也是人所当自行的,比如事亲之孝,是为子者当自尽的,事君之忠,是为臣者当自尽的,所以说是自道。

诚者,物之终始。 天下之物,无不有始有终,这始终,都是实理的发端与终结,中间的一切,都是实理之所为,所以说诚是物之终始,没有什么东西是例外的。所以,人怎么能例外呢?

人如果不能诚意正心,就算有所作为,也是虚文,干了那事,也跟没干一样。比如不以诚信尽孝,就不是孝;不以诚信尽忠,就不是忠。所以君子必须以诚之为贵,诚之,诚之,再诚之!择善而固执,以求到那真实之地。只有这样做，才能有以自成，则道无不行矣。

虽然说诚者自成，但是，其效验并不是只成就了自己而已，因为天下之人，同有此心，同有此理，既然有以自成，则自然有以化导他人，而使之各得其所，都有所成就，这就是成物了。这和前面讲的，至诚者能尽己之性，尽人之性，尽物之性，是一个意思。

成己，是私意不杂，全体浑然，这叫作仁，所谓求仁得仁。

成物，是对事物的裁处皆各得其当，这叫作知，是智慧。

仁与智，都不是外来的，而是天生的，源于天命，是人性中固有之德。而且也不是判然两物，而是一物，与生俱来，内外合一。所以这仁与智，也不假外求，不用到外面去学，只问自己的心诚不诚，心诚了，自然仁、智兼得。如此一以贯之，则无论处理什么事情，无论处己处物，都有时措之宜。时措之宜，就是随时而行，无不当理。不假思索，事事物物都处理得恰到好处，分毫不差，这也就是前面说的"坦然中道"，或者孔子说的"从心所欲不逾矩"。王阳明也说过这种境界，就是致良知，一切凭着良知去行，则遇之左右而逢其缘，没有不恰当的。

或许有同学会问，真有那么厉害吗？那我也学一学？

这样问，又不对了，因为你做之前就有了私欲，要求效验。诚者，诚就是目的；仁者，仁就是目的。如果你说"我诚了，也仁了，但是没你说的那个效果啊"，那孔子还有一句话："求仁得仁，又何怨？"诚了，仁了，这目的就已经达到了。

这个如果理解不了，也没法再讲了，只能知行合一，做了才知道。

以上是第二十五章。

至诚无息的工作原理

原文

故至诚无息。不息则久,久则征,征则悠远,悠远则博厚,博厚则高明。博厚,所以载物也;高明,所以覆物也;悠久,所以成物也。博厚配地,高明配天,悠久无疆,如此者,不见而章,不动而变,无为而成。

华杉详解

息,是间断。至诚无息,就是始终保持诚的状态,没有一点停息。久,是常于中。征,是表征的征,征验的征,表现在外表,也表现出结果效验。悠远,是久远。博厚,是广博深厚。高明,是高大光明。

这里讲的是"至诚无息"的工作原理、作用机理。

张居正讲解说,人的德要实诚,如果德不实,就有缝隙,就为私欲所间杂,而其心不纯,不纯就有止息之时。圣人之德,既极其真实,而无一毫之虚伪。既无虚伪,则此心之内,纯然是天理流行,而私欲不得以间之,自然就没有止息了。

既无止息,则心体浑全,德性坚定,自然始终如一,长久不变。

存诸于中时间久了,则必形见于威仪,发挥于事业,其表征效验都不可掩藏。

既然长久而有征验,则凡所设施,都是王道,自然优裕而不急迫,绵远而无穷尽。

因为其悠远,则积累之至,自然充塞乎宇宙,浃洽于人心,广博而深厚。

因为其博厚，则发见之极，自然巍巍乎有成功，焕然乎成文章，高大而光明！

从至诚无息，到长久不变，到表征于外，到悠远博厚，到高大光明，这就是诚的原理和逻辑。

至诚的功用，其所积者既然广博而深厚，则天下之物，无不在其承受之中，接受他的福泽，这就是博厚配地，厚德载物。至诚无息，其所生发的高大光明，则天下之物无不在其光辉照耀之下，这就是高明配天，覆照万物。

天地之博厚高明，四方上下，古往今来，无有穷尽，所以说能成物。至诚之悠久可以成物，则其悠久之功，与天地一样，没有疆界。

如此，不见而章，不动而变，无为而成。见，读作现。至诚无息，其博厚的功业，灿然成章，但它的彰显，是长期积累、自然显著的，而不是拼命表现、引人注目而来的。它带来的变化，能感化、带动他人，但也是润物细无声、自然感应的，而不是鼓舞激励的。它的成就治功有成，万世无蔽，但也是由内而外、由近及远、自然成就的，而不是安排布置、有所作为而成的，这是无为而成。

就像我们看一个人，他对我怎样热情善意，我也未必对他有多大认可和信任，都只是相互应酬，友好往来而已。但偶然发生的一些事，可能是跟我有关的，也可能是跟我无关的，让我看到他的态度和应对，这才让我"真正认识他这个人"。这个"真正认识"，可能是正面的，也可能是负面的。正面的，是因为他至诚无息，所以自然而然，关键时刻就显著出来了。而负面的则相反，他的诚意是做出来的，所以关键时刻就不愿意做了。

至诚无息的人，你会在某件事上突然发现，你以为人人都不可能拒绝的利益诱惑，他根本视若无物，毫不在意。你这才知道他的求仁得仁，诚意正心，完全可以百分百信赖。

至诚无息，就是孟子说的集义而生。集义如积德，由点点滴滴的积累得来。集义而生，则能养浩然之气，那浩然之气充塞天地。集义而生的关键原则呢，在于一点坏事都不能干。一旦干了一件坏事，就像在那"浩然气球"上扎了一个针眼，那气就漏了，就没正气了。用俗话来讲，就是"一个人干一件好事不难，难的是一辈子不做坏事，只做好事"。做一件坏事，就是有息了，你的诚意就间断了。

修这个至诚无息，就是始终对任何人、任何事保持至诚。我自己有两条体会：

一、不要对一些人诚，对另一些人不诚。

二、不要这时候诚，下一个时候不诚。诚没有"特殊情况"，不要给自己开不诚的绿灯。

我们对人，在感情上总是有区别的，但是，在诚意上不要有区别。比如我们在经营中，对客户就是这样。你可能喜欢一些客户，不喜欢另一些客户。这些客户呢，也可能有的很喜欢你，另一些对你态度就差一些。那么你们之间的交往状态肯定是有差别的了。但是，你自己的诚意不要有差别。

比如，经常有新客户会跟我说："华总，你要重视我们这个项目啊！要多投入精力给我们啊！你要亲自来抓啊！"

这时候，我如果说"一定一定，放心放心"，这就是客套话，就是不诚。我应该说："我们对每一个客户都是一样的，您放心，我们对您的投入不会比别人少，也不会比别人多。"这才是实话，是实诚。

人都有好恶偏心，因为别人对你也是有差别的。有一次，我和对我最好、合作时间最长、关系最亲的一个客户老大哥在一起，聊得一开心，我就脱口而出："华与华的客户有两类，一类是您，一类是其他！"

本来我们俩正说得乐不可支，可他一听这话，突然安静下来，婉转地说："人家对你，也是有托付的哦。"我也意识到自己说错了话，心里跑偏了，没有诚意正心了。他这是在批评我。朋友之间相互规正，这就是良师益友。

所以我们要注意，当我们不喜欢一个客户，觉得他对我不好的时候，就是特别要修"至诚无息"的时候。

为什么要拿客户举例呢？因为客户是衣食父母，是对你的生存发展最重要的恩人。但是，我们平时却经常看到骂甲方的，真是恩恩怨怨，没有恩就没有怨。把跟客户的诚意正心、至诚无息修好了，其他就都顺过来了。马云说过一句话："最讨厌那些成天骂公司，又不辞职的人。"我们也可以说，不要做那成天骂甲方，又不终止合约的人。

"不见而章，不动而变，无为而成"，这句也很重要。《中庸》后面还有一句类似的话："君子之道，暗然而日章；小人之道，的然而日亡。"君子不着急，默默做好自己，他的功道，却越来越彰显，悠远、博厚、高明；小人总是很着急，不断包装拔高自己，扮大师，自己给自己封神，结果呢，上蹿下跳，却爬得高，摔得狠。**要想悠远、博厚、高明，就不要趋炎附势地往上爬，而是要下沉，要匍匐前进。**

至诚无息，是"华与华"最重要的核心价值观。但是，光讲这四个字，大家不好理解，所以我把它翻译成了九个字——不骗人，不贪心，不夸大。你做几个成功案例容易，但要一辈子不欺骗客户，就太难！在业务工作中，还要始终保持不贪心。自己为客户作了多大贡献，宁愿不被承认，也绝不自己夸大其词。如此集义而生，积累三十年至诚无息，活在他人想象之外！

这就是至诚无息的工作原理。

诚的两个标准

原文

天地之道，可一言而尽也。其为物不贰，则其生物不测。

华杉详解

这一段是以天地之道，接着说前面的"至诚无息，无为而成"。前面说圣人之功用，同乎天地，而这下文，又以天地之道明之。

天地之道，可以一言而尽，就一个诚字而已。因为天地之间，气化流行，全是实理之运用，更无一毫掺杂，唯其不贰，所以能长久不息，化生万物。其生物之多，不可胜数，也不可预测。

原文

天地之道，博也，厚也，高也，明也，悠也，久也。

华杉详解

天地之道，唯其纯诚不贰，故能各尽其盛。地之道唯诚，就是广博而深厚；天之道唯诚，就是高大而光明。天地之道，博厚光明，又极其久远，不可终穷。圣人之悠远、博厚、高明，都本于一个诚字，道理就和这天地一样。

原文

今夫天，斯昭昭之多，及其无穷也，日月星辰系焉，万物覆焉。今夫地，一撮土之多，及其广厚，载华岳而不重，振河海而不泄，万物载焉。今夫山，一卷石之多，及其广大，草木生之，禽兽居之，宝藏兴焉。今夫水，一勺之多，及其不测，鼋鼍、蛟龙、鱼鳖生焉，货财殖焉。

华杉详解

昭昭，是一个小小的光明处。

你看那天，就是一点光明而已，但那光明连起来，至于无穷，则星汉灿烂，包藏宇宙，覆盖万物。你看那地，就是一撮土而已，但那土堆积广厚，则厚德载物，承载华山也不觉得重，包容江海也不会泄漏。你看那山，就是一块石头而已，但千千万万石头堆积广大，则草木生之，禽兽居之，宝藏藏之。你看那水，就是一勺而已，但千千万万勺水聚集起来，则鼋鼍、蛟龙、鱼鳖生焉，货财殖焉。

所以说，天、地、山、水，都是不贰不息，以至盛大而能生万物。

原文

《诗》云："维天之命，于穆不已！"盖曰天之所以为天也。"于乎不显，文王之德之纯！"盖曰文王之所以为文也，纯亦不已。

华杉详解

这是《诗经·周颂·唯天之命》里的一句话。天命，就是天道。于，是语气词。穆，是幽深玄远。不已，是无止息。

《诗经》说："唯有天道之运行，幽深玄远而无有一刻止息。"这是说天之所以为天，正是因为它没有止息。如果它停下来歇会儿，太阳不升起了，四季不运行了，百物不生长了，那还叫天吗？《诗经》又说："岂不显著哉！文王之德，至纯不贰，没有一点杂质！"

这一段总结了诚的两个标准：纯诚不贰，至诚无息。从无二心，一刻也不停息，这就厚德载物了。前面说了："其为物不贰，则其生物不测。"这样纯诚下来，能生成什么，你自己都不可想象，也不可预测。所以儒家说"君子居易以俟命，小人行险以侥幸"，你只凭着良知去做，只依着正义去行，自有那天命降于你。又说"只问耕耘，不问收获"，因为你的收获，可能还在你的想象之外。厚德载物的广大，会让你活在他人的想象之外！

读者可能会要问："如果没有你说的那个效果，怎么办呢？"还是孔子那句话："求仁得仁，又何怨？"求诚得诚，又何怨？不问收获，不问效验，不要"将迎意必"，期待着结果一定会怎样。

中庸之道，讲到这里，一路都是讲诚。**可以说，中庸之道，就是至诚之道、纯诚之道**。《大学》开篇讲的八条目：格物、致知、诚意、正心、修身、齐家、治国、平天下，**中间的这个诚意正心，就是基础，就是儒家修养的底层逻辑。**

以上是第二十六章。

修德凝道五句话

原文

　　大哉圣人之道！洋洋乎！发育万物，峻极于天。

华杉详解

圣人之道，盛大无边，发育万物，峻极于天。

这里需要仔细体味的是"发育万物"。厚德载物，圣人的纯诚不贰、至诚无息之道，不仅是包容他人、包容万物，而且是成就他人、成就万物。这包容、成就，也并不是一种功夫、一种技术，而是无为而成。精诚所至，万物生焉。

原文

优优大哉！礼仪三百，威仪三千。

华杉详解

优优，是充足有余。礼仪，是经礼，婚丧嫁娶、加冠、祭祀之类。威仪，是曲礼，应酬往来，升降揖逊之类。圣人之道，充足有余，精细入微。礼仪三百，威仪三千，无论是正式典礼，还是平时应酬，其品节限制，细微曲折，无不恰到好处。

原文

待其人而后行。故曰："苟不至德，至道不凝焉。"

华杉详解

其人，是圣人。至道，就是上面讲的发育万物、峻极于天之道。道之全体，洋洋乎无所不包；道之散殊，优优乎无所不在。其宏大和细致如此，哪里容易做得到呢？唯有那至德的圣人，能参赞化育，周旋中礼，这个道理方才行得。如果没有这样的至德，则胸襟狭隘，不能体会其完全；识见粗陋，不能理解其细致，要使这道理凝聚于身心，又怎么可能呢？

原文

故君子尊德性而道问学，致广大而尽精微，极高明而道中庸。温故而知新，敦厚以崇礼。

华杉详解

苟不至德，至道不凝焉。这里提出了一个词——修德凝道。修养自己的品德，让天道凝结在自己身上，这就天人合一了。如何能修德凝道呢？有以下五条要目：

一、尊德性而道问学

尊，是恭敬奉持。德性，是我们受于天的正理，所谓天命谓之性。道，是由，指通过某种方法、路径。所以这第一条是说，要恭敬奉持天理，然后"道问学"，通过多问多学，博学、审问、慎思、明辨、笃行，最后知行合一，对那古今事变，都穷尽其理而无遗。

尊德性而道问学，关键在一个"尊"字。尊，就是敬，始终保持敬心，是一切修养的基础。

二、致广大而尽精微

致，是推及。广大高明，是心的本体。精微，是理之精细微妙处。

心体本来广大，只是为私欲所蔽，就狭隘了，必须扩充以恢复其广大，不为一丝一毫的私意所蔽。而对于事物之理，又要分析其精微，不使之有毫厘之差。

三、极高明而道中庸

中庸之道是极高明的。不偏之谓中，不变之谓庸。中者，天下之正道，庸者，天下之至理。处事依乎中庸之道，无过之或不及之谬，则高明而不流于虚远。

四、温故而知新

温故而知新，不温故就不知新，唯有温故，才能知新。

人们往往不愿意温故，都愿意追新求异，目的是贪巧求速。不懂得从自己的过去中学习，不懂得在已经学过的地方重复学习、反复学习，这就是不进步的最大原因！评价老师讲课，负面评价往往是"没什么新东西"，而正面评价往往是"颠覆观念""在别的地方没听过"。老想要新的，老想要颠覆，就是不懂得温故知新，不懂得在旧的，自以为已知，其实是无知的地方反复学习，真正理解，达到知行合一。

俗话说："在哪里跌倒，就在哪里爬起来。"可我们的实际情况往往不是这样，而是在哪里跌倒，就反复在同一个地方跌倒。孔子评价颜回有两条优点，一条是"闻一知十"，别人能举一反三已经不错了，而颜回能闻一知十，这就是一种温故知新的境界；第二条是"不二过"，也就是同样的错不犯第二次，这也是温故知新，过去的错误不会再犯，那才是真知道了。

温故而知新，其实"温故"比"知新"更重要，回顾过去比展望未来更重要。 因为过去从来不会过去，过去一直都在，而且还在未来等着我们。如果不能总结过去的错误，防止再发，就会重蹈覆辙。

五、敦厚以崇礼

敦，是敦笃、笃实。厚，是旧所能的，就像温故知新的故，是故旧的。敦厚，就是把已经掌握的再加厚。对于自己已经学会的，要不断敦厚笃实它，不要放松了。

崇，是积累。礼，是天理之节文。天理之节文无限，我们要崇尚礼度，每日省察自己，看看之前有没有没注意的，要加以注意。

朱熹注解说，尊德性，恭敬地奉持天之正理，如此心中存养，而极乎道体之大；道问学，通过博学、审问、慎思、明辨、笃行，学而时习之，温故而知新，所以致知而尽乎道体之细者。大能尽其道之全体，细能尽其道之精微，这两者，就是修德凝道之大端。

不以一毫私意自蔽，不以一毫私欲自累。已经知道的，不断涵泳体味；已经能做到的，不断敦笃加厚；辨析天理，不使之有毫厘之差。这是心中存养。

谨慎处事，不使之有过或不及之谬，理义则日知其所未知，节文则日谨其所未谨。这是格物致知。

如果没有心中存养，就做不到格物致知。而要做到心中存养，又必须通过格物致知。所以这五句话，是大小相资，首尾相应。圣贤开出的入德之方，再也没有比这更详尽的了。我们一定要尽心学习，明辨笃行。

处世之道四原则

原文

是故居上不骄，为下不倍，国有道其言足以兴，国无道其默足以容。《诗》曰："既明且哲，以保其身。"其此之谓与！

华杉详解

继续讲圣人之道，上一章讲天道，这一章讲人道。先讲了修道凝德五句话，接下来讲处世之道四原则。哪四原则呢？就是居上位之道、居下位之道、处治世之道、处乱世之道。我们一条一条来学习。

一、居上不骄

居上位，便兢兢业业，尽那为上的道理，不可恃其富贵，而至于骄矜。

有的领导者喜欢威严的感觉，让下属怕自己。这"威严"和"怕"，不是什么好事，你以为下属怕你，就不敢犯错。其实，是人就会犯错，就像你自己也会犯错。而下属一旦怕你，他犯了错就会掩藏起来，不让你知道，最后那错误就会累积到爆炸。

所以，我们的管理理念是，**不处罚员工的任何工作失误，工资奖金**

分红都不受影响。**这样的目的，是鼓励大家暴露自己的错误，防止其他人再犯同样的错误**。在丰田汽车，这叫"安咚管理"，"安咚"是拉绳的声音——当工人发现出了错，有问题，随时可以拉一下头顶上方的安咚绳，然后乐曲声响起，生产线便停了下来，班组长就会马上走过来帮助纠正错误，解决问题。不仅在生产线上是这样，在任何工作岗位上都是这样，一旦发现自己出了错，要马上拉绳报警，而不是偷摸地不让别人知道。

员工敢于暴露自己的错误，就需要领导居上不骄。如果领导摆出一副天生代表正义的样子，正确永远属于自己，错误永远属于别人，那么，员工也会假装永远跟你一样正确——把错误掩盖起来。我看到有的公司，别说员工敢于暴露自己的工作失误了，就连跟领导正常地工作汇报，他都不敢说话，能躲就躲，能拖就拖。这领导的官威，已经堵死了他自己的所有言路，那公司再发生什么坏事，就只有领导不知道了。

有人可能会问："出了错不处罚，那他给公司造成的损失怎么办呢？"损失，本身就是经营的一部分，你不能说你只能赚钱，不能损失。再说，公司承受损失的能力总比员工强，你要罚他，又准备罚到什么程度呢？

归根结底，还是一个纯诚不贰，至诚无息，以诚待人。

二、居下不倍

倍，是违背。居于下位，便要安分守己，尽那为下的道理，不要自干法纪，违背上级。简单地说，就是要本分，要听话，知道自己是干啥的，让上级感到舒服，这样的人就好用。你这人好用，人家才用你嘛！万万不可认为自己有点本事，或仗着上级的喜爱，就放松自己，给自己搞点特殊待遇，或者不遵守公司的制度，做出一些不好的示范。这样虽然会暂时得到容忍，但终究还是给自己埋下了隐患。

居上不骄和居下不倍是配套的。在下级面前不骄肆的人，在上级面前也必然本分。相反，对下级骄肆的人，对上级也必然违背，因为他的理念就是上一定欺压下，下一定欺瞒上。

三、处治世之道

国有道，其言足以兴。意思是，国家有道之时，他说的话，便都是经世济国的事业，足以感动人，让他兴起而在位。

四、处乱世之道

国无道，其默足以容。意思是，国家无道之时，要能隐然自守，不作危激的议论，这样足以远避灾祸而容其身。

这是儒家的入世哲学。如果国家政治清明，你不在高位，那是你的耻辱，因为你没本事。反过来，如果国家政治黑暗，你却还在高位，那也是你的耻辱，因为你同流合污。

《诗经》说："既明且哲，以保其身。"这就是"明哲保身"的成语出处。明，是明于理；哲，是察于事；明哲，就是既明白理，又明白事。人们往往只明白理，不明白事，这在国有道的时候可以，但在国无道的时候，就很危险。

明哲保身的保身，不光是苟且偷安，它有三层含义：首先是不同流合污，不跟着做坏事，保持自己的清白，这是底线，你要我做坏事，那我宁死不屈；第二层，是保护自己和家人的人身安全；第三层，是以待天时，为国家保存忠良，等到新君即位、国家有道的时候，还得靠我干活呢！

不管社会风气怎么样，保住我自己不要学坏，就是明哲保身的底线。比如老人倒地你扶不扶？扶吧，又怕他讹你。那我明哲保身，不扶，这样对吗？不对！老人倒地你都不扶，你就和社会同流合污了，你就已经"失身"了。你把他扶起来，保住自己不要学坏，这才是明哲保身的底线。

以上是第二十七章。

守本分

原文

子曰:"愚而好自用,贱而好自专,生乎今之世,反古之道。如此者,灾及其身者也。"

华杉详解

这是子思引用孔子之言,继续讲上文"为下不倍"的意思。

愚而好自用。张居正注解说:"昏愚无德的人,不可自用,他却强作聪明而执己见以妄作。"

这一条,咱们别一看是说昏愚无德的人,就以为不是在说自己。比如我们开会讨论决策的时候,都想用自己提出的方案,这就是昏愚无德!应该要从善从流,善与人同,舍己从人,一旦发现别人是对的,就马上把自己的想法弃之若敝履,这就是中庸之道了。

贱而好自专。张居正注解:"卑贱无位的人,不可自专,他却不安本分而逞私智以僭为。"

自用自专,都叫"任其私智"。儒家讲智、仁、勇三达德,而任其私智,是最大的不智。舍己从人,懂得听别人的,才是大智、大仁、大勇。

生乎今之世,反古之道。反,是复、恢复。生乎今世,要遵循今世的法度,不要自己一个人玩穿越,以古制为名,自己给自己定一套行为规范。个人在时代面前是渺小的,要本分。

愚而好自用,贱而好自专,生乎今之世,反古之道。如果犯了以上三条,灾祸必及其身。

原文

非天子不议礼，不制度，不考文。

华杉详解

礼，是礼仪。度，是品制，比如宫室车服器用的等级。文，是文字的点画形象。制礼作乐，规范文字，都是中央政府的工作。比如秦朝统一中国，车同轨，书同文，这都是中央政府来制定的。新中国成立后，搞简化字，这也是中央政府的工作。国旗、国歌、国家大典礼仪，也是中央政府定，各个级别可以住什么房子、开什么车，也是中央政府定，你不能自己搞一套。

张居正讲解说，制礼作乐，是国家极大的事体，必是天子在上，既有德位，又当其实，然后可以定一代之典章，齐万民之心志。比如亲疏贵贱，须有相接的礼体，但是，只有天子可以议，其他人不可妄议。宫室车服器用，要有一定的等级，但是只有天子来制定，其他人不能定。书写的文字，要有规范，但是只有天子才能制定，其他人不能定。

原文

今天下车同轨，书同文，行同伦。虽有其位，苟无其德，不敢作礼乐焉；虽有其德，苟无其位，亦不敢作礼乐焉。子曰："吾说夏礼，杞不足征也；吾学殷礼，有宋存焉；吾学周礼，今之用，吾从周。"

华杉详解

今之天下，是子思讲的当时的周朝。车同轨，书同文，行同伦。车不是一个人造的，但大家造的轨距都一样；字是不同的人写的，但每个人每个字都写得一样；行礼是各自行的，但贵贱亲疏，伦理规范都一样。为什么呢？因为这是圣人天子定的规矩，大家都要遵守。你要是造个车跟别人的轨距不一样，你就上不了路；你要是写个字跟别人不一样，就没人认识。

子思说了："虽有其位，苟无其德，不敢作礼乐焉。"立规矩，是圣人才有能力做的事，你就算做了天子，但无圣人之德，人品凡庸，也不敢轻易去做制礼作乐之事。无德而制礼乐，就是愚而自用。

"虽有其德，苟无其位，亦不敢制礼乐焉。"有位无德而制礼乐，是愚而自用；有德无位制礼乐，就是贱而自专。所以一定要有位又有德，才能做为天下立规矩的事，否则你就守规矩吧。

孔子说："一代之兴，必有一代之礼。先前夏朝兴起而有天下，我也仰慕夏朝之礼，但时间太久远了。夏的后裔杞国，典籍散失，子孙衰微，也无法考证。殷汤兴起而有天下，我也想学殷礼。殷的子孙是宋国，典籍尚存，但都是前代之事，也不足为当世法。

"所以我学习周礼，这正是当今所用，文武齐备，又合时宜，吾从周。"

这又是呼应上文，不要"生乎今之世，反古之道"，而是要与时俱进，跟上时代的步伐。

在上位者，不要愚而自用；在下位者，不要贱而自专。如果你在中间的位置，上有天子，下有臣民，那就要两头注意，对下不要愚而自用，对上不要贱而自专。总之就是要守规矩，守本分。

以上是第二十八章。

企业词典和企业文化半径

原文

王天下有三重焉，其寡过矣乎！

华杉详解

三重，就是三件至关重要的大事。前面讲了，天子的三件大事是：议礼、制度、考文。王天下者，能把这三件大事做好，也就没有什么大错了。

张居正讲解说，做好这三件大事，行之于天下，则有以新天下之耳目，一天下之心志。诸侯由此尊奉礼制，而国不异政；百姓从其教化，而家不殊俗。天下之人，皆得以少犯错了！

所以，天子能做好议礼、制度、考文三件大事，全天下的人都能少犯错。这就减少了社会运行成本，降低了司法成本。

孔子不是说过吗："听讼，吾犹人也，必也使无讼乎！"在做法官，辨别是非真伪上，我的水平跟别人也差不多；我要做的，是让天下无讼！如果天下人都知礼守制，自然没那么多官司了。

这三件大事，对于我们做企业来说，也有一样的启示——董事长管企业文化，管制度，还要管考文。

企业核心的原动力在企业文化，命脉在企业文化。企业文化决定了企业能做多大，活多久。所以，董事长要管企业文化。那制度呢？似乎是总经理管的，但是，制定什么样的制度，当然是董事长的事，甚至是董事会的事。苹果的董事会，刚刚决定给CEO库克配私人飞机，这就是给他制定了一个宫室车服器用的等级。这里的制度，和我们现在理解的法规制度还不太一样，主要是制定各级别的待遇和"徽章体系"，其实还是在礼的范畴。

每个企业也都有"考文"的任务，这里我要展开讲一下。

考文有两层含义，一是制定文字规范，也就是书同文。汉字简化了，所以在书籍出版上、商品包装上、街道招牌上、广告牌上，无特殊情况都不允许用繁体字，这就是咱们今天能看到的考文，这都是中央政府定的，不是地方政府能定的。

二是字词的定义，这也是中央政府的事，所以你要写书，写什么都行，但不能自己编一本字典来出版，因为字典只能有一个版本。每年出现了哪些新词汇，哪些要收录进字典，这都是中央政府的事。

词语就是权力，是天子的权力。

既然是天子的权力，企业有什么资格考文呢？我先引用哲学家维特根斯坦的一段话：

> 词语的游戏规则，在语言游戏中建立，也在语言游戏中修改。以至于有时候，我们感觉需要把词语从我们的交流中抽离出来，送去清洗，再送回到我们的交流中。

维特根斯坦说出了一个什么问题呢？**就是我们交流的时候，往往语言相通，但是词语不通。同一个词，你也在用，我也在用，但是我们说的完全不是一个意思！**

语言可以说是人类的"第一个技术"，也是"第一技术"，但是，这个技术一直不成熟，而且看起来永远成熟不了！所以禅宗有不立文字的传统，因为说出来都是错。你能悟到就自己悟，悟不到就算了，没法跟你说。

一个企业，是一个经营组织，也是一个语言集团、一个话语体系。大家每天在一起讨论问题，就要统一话语体系，统一词语。这个统一，首先是统一用哪些词，不用哪些词，然后是统一每一个词的定义。不要在讨论问题的时候，你用这一套逻辑，这一套话语体系，这一套词，而我用另一套逻辑，另一套话语体系，另一套词。或者，我们用着一样的词，可对它的理解、想传达的意思，却完全不一样。

比如那些最基本的词——战略、营销、定位、研发，我们对这些词的定义都不一样！

我们要对每一个词的概念性定义和操作性定义作出准确界定。概念性定义层面，词语就是召唤，只要有人说出一个词，就能把同样的概念精确地召唤到每一个与会者的脑海里；操作性定义层面，词语就是行动，只要有人说出一个词，就意味着有一系列的行动需要大家讨论。这才是从"书同文"到"思同词，词同意"。

除了对话语体系、对词语进行选择、清洁和定义之外，企业还会形成一些自己的词汇。所以，**这些对于企业文化和运营管理至关重要的词汇，要编成一本《企业词典》，这是企业文化的基础，也是运营管理的基础。**

关于企业词汇，每个企业应该都有一定的基础，只是在大家的习惯里，还没有形成一本真正的《企业词典》。所以，一个企业的文化，就有了"企业文化半径"，有的人在半径内，有的人在半径外。在半径内的，是耳濡目染时间长的，知道得多，理解得深；在半径外的，是时间短的，知道得少，理解得浅。等公司大了，离企业文化圆心远的，就会形成新的小圆心，新的亚文化，每一个分部都会有一个亚文化，这样就不能做到"寡过"了，就容易犯错误。

王莽与周公

原文

上焉者虽善无征，无征不信，不信民弗从。下焉者虽善不尊，不尊不信。不信民弗从。

华杉详解

征，是考证。尊，是尊位。

前面所说的三重之道——礼仪、制度、考文，是从哪儿来的呢？上焉者，就是前代的，从古制来的。虽善无征，就是其规制虽然好，但世远人亡，无可考证。既无可考，就无法取信于民，人民不会听从。

下焉者，就是当世圣人，但穷而在下的。虽善不尊，就是他的意见虽然好，但他不在尊位。不尊不信，就是他不在尊位，人民就不会重视他的意见，不会听从。

所以只有当世的圣人，又恰好在位为君的，才能制定这三重大事。

这里对儒家思想有一个普遍的误读。因为孔子"祖述尧舜，宪章文武"，又说了"吾从周"，于是，后世腐儒就把周礼周制看成至高无上的理想国。最极端的情况出现在西汉末年，当时王莽篡位，自认为是"周公再世"，要全面恢复周礼周制。

王莽信奉儒家思想，他认为天下要恢复到孔子所宣称的"礼崩乐坏"前的礼治时代，才可能实现政通人和。因此王莽当上皇帝后，就开始仿照周朝的制度推行新政，史称"王莽改制"。王莽在始建国元年宣布的政策是：将天下田改名"王田"，以王田制为名恢复井田制；奴婢改称"私属"，与王田均不得买卖。其后又屡次改变币制，更改官制与官名，把盐、铁、酒、铸钱及山林川泽收归国有。但这些政策只求名目复古，很多都与实际情况相违背，而且在推行时手段和方法也不正确。在遭到激烈反对后，王莽又企图通过严刑峻法强制推行，从诸侯、公卿到平民，因违反法令而受重罪处罚者不计其数，加剧了社会的动荡。人们未蒙其利，先受其害，各项政策朝令夕改，使百姓官吏不知所从，引起了众多豪强和平民的不满。最后天下揭竿而起，王莽身死国灭，西汉结束，刘秀创立东汉王朝。

王莽读书不精，只看到了一头。孔子"宪章文武"，尊崇周公制定的周朝礼制，是因为孔子自己就生活在周朝。所以他对比了夏商周三代，说夏朝年代太久远，不可考证，商朝的礼制只在宋国残存，还是周朝的礼制体系完备，符合当世的需要。

可到了王莽的时候，周朝也已经很久远了，也不符合当世的情况了，怎么能再去恢复周礼呢？上焉者虽善无征，无征就不信，不信，人民就不会听从，后面会发生什么，子思早已明明白白告诉了我们。读书最怕的就是只读一半，又不能与时俱进。

儒家思想，是与时俱进的。首先，善莫大于舍己从人。一个真正的儒者，相信善为天下公，真理只有一个，不是孔子的，不是孟子的，也不是苏格拉底的，而是全人类公有的。**一旦我们发现自己错了，正确的思想在别人那里，那我们就要马上抛弃自己的想法，舍己从人，与人为善，和他一致。因为和他一致，就是和真理一致。**

其次，在这本《中庸》里还讲过一句话："生乎今之世，反古之道，如此者，灾及其身者也。"这些王莽都没认真读。

原文

故君子之道，本诸身，征诸庶民，考诸三王而不缪，建诸天地而不悖，质诸鬼神而无疑，百世以俟圣人而不惑。质鬼神而无疑，知天也。百世以俟圣人而不惑，知人也。

华杉详解

所以，当政者制定礼制，一定要符合六条标准：

第一是本诸身。也就是本之于自身，你自己首先得信，得遵守，得身体力行，在自己身上立个标准。万万不可认为这是拿去治别人的，治老百姓的，而不是治自己的，那就成了自欺欺人欺天下。

这一条是做老板的最容易犯的，规章制度都是管员工的，而自己是"自由"的。反正你给大家发工资，也没谁来指责你。但是，你自己不率先垂范，基本上什么礼仪制度都搞不起来。

第二是征诸庶民。征，是验证。一定要在老百姓身上验证过，是确实可行的，然后去真抓实干，而不是大家都跟着你嘴上说说。

第三是考诸三王而不缪。就是要向上考证，对照夏禹、商汤、周文王的做法，一脉相承，和前人的经验没有违背。

第四是建诸天地而不悖。与天地相参，依循天地自然的道理，无有违背。

第五是质诸鬼神而不疑。也就是神鬼无欺。

第六是百世以俟圣人而不惑。就是我立下的规制，出之有本，验之无不合，就算是百世之后的圣人，运用起来也不过是我这些道理，明白无惑。

质询于鬼神而无疑，可谓知天；百世之后的圣人也能循之而行，可谓知人。所以学术必贯乎天人，方可经济天下而为王者。

原文

是故君子动而世为天下道，行而世为天下法，言而世为天下则。远之则有望，近之则不厌。

华杉详解

所以，君子凡有动作，则议礼、制度、考文，都是既通乎天人之理，又兼有六事之善，"本诸身，征诸庶民，考诸三王而不缪，建诸天地而不悖，质诸鬼神而不疑，百世以俟圣人而不惑"。这样就可以立天下万世之极，不光一世由之，而是世世代代所共由。

君子凡有所行事，则政教之施，都是经常不易之典章，不仅能施于当世，而且世世代代都守之为法度。

君子凡有所言说，亦是世世代代皆取之以为准则。

所以你的言行，若只能影响一世，那还不是真君子。你在君子的三重之道（礼议、制度、考文）上，没有达到上文说的六条标准。

所以居上位者，当你要行三重之道时，首先要问自己，我要制定的规章，是为天下人谋治世，还是满足我自己的权力需求？是靠我的威权才能实施，还是世世代代都能为天下法？

君子之道，远之则有望，近之则不厌。意思是，远方的百姓，悦其德之广被，人人向慕风义，都有仰望之心；近处的百姓，习其行之有常，人人欢欣鼓舞，就是自己身边的人，也无有厌烦之意。

有句俗话说："仆人眼里无伟人。"因为他离你太近了，看到你吃喝拉撒，也是凡人一个，看到你七情六欲，也一点不少。所以他就不像远方的人那么崇敬你。而君子之道则不然，你离他越近，就会越崇敬他。因为他并不是靠一个"公关专家"在管理他的言行形象，他的中庸之道，本来就是推己及人，由近及远，修身齐家治国平天下。**所以真君子并不怕身边人的审视，离得越近的人，越了解他，越崇敬他。**这样的修为，不是装扮自己对外树立一个"光辉形象"，也不是克制约束自己搞得很累，而是诚意正心而已。君子不累，只是安而行之，从心所欲不逾矩。

这里我们就知道君子和伪君子的区别了。君子是修身的，离得越近的人越崇敬他，越远的就越弱。而伪君子呢，是靠公关形象，离得越远的人越崇敬他，越近的就越弱。

原文

《诗》曰："在彼无恶，在此无射；庶几夙夜，以永终誉！"君子未有不如此，而蚤有誉于天下者也。

华杉详解

《诗经》说，远方没有人憎恶，此处没有人厌烦，远近皆善，无往不宜，则庶几早夜之间，得之永终其美誉。

王天下者，哪个不想名垂青史，追求历史定位？再不济，也不希望死后被鞭尸。《中庸》就讲致誉有本：

行礼仪、制度、考文三重事，必备六事之善，才能得令名于天下。道德需本于自身，法令需取信于民，三王后圣能合，天地鬼神能通，才能服远近，垂法则，有声名于天下，流芳德被于后世。

若自己心不正，意不诚，就会落得个自欺欺人。即使今天一手遮天，明天也不过收获一个浑身难受，甚至给子孙遗祸，此非君子也。中国历史上，名誉高到恨不得比天还高，不让他当天子简直天理不容的，就是王莽，而他却没读好《中庸》这一章，最后身死国灭。

王莽自称"周公再世"，后世白居易正好有一首诗，把他们两位放在了一起：

> 周公恐惧流言日，
> 王莽谦恭未篡时。
> 向使当初身便死，
> 一生真伪复谁知？

以上是第二十九章。

道统和事业理论

原文

仲尼祖述尧舜，宪章文武。上律天时，下袭水土。

华杉详解

祖述，是远宗其道。宪章，是近守其法。孔子远宗尧舜之道，近守文王、武王之法。

"祖述尧舜，宪章文武"，这句话很重要！这就是道统。

"王天下有三重焉，其寡过矣乎！"王天下有三件重要的大事——议礼、制度、考文。把这些界定清楚了，全国上下都理解了，都按这个来要求自己，那么大家就都会少犯错。

在企业经营上也是这样。德鲁克说过一个词，叫事业理论，就是一个企业，你的企业文化、价值观、道统、文化母体在哪里？**作为中国人，你的骨子里、血液里、基因里，就是儒家思想，**因为儒家思想和中国的民间文化早已交融为一体，所以你要在这个土壤里去找自己的道统。清末洋务运动时，张之洞说了一句话，叫"中学为体，西学为用"。不管你是否同意，中国就是这个体，你自己也是这个体。日本搞明治维新时，福泽谕吉有一句类似的话，叫"和魂洋才"，和"中体西用"意思差不多。今天你看日本的企业文化，基本上就是和魂洋才。德鲁克也赞叹说，日本是将本国文化和西方管理思想结合得最好的国家，形成了自己独特的企业管理体系。这种日本式的企业文化和管理思想，以丰田生产方式为代表，带动了日本的经济起飞。我个人觉得，我们学习美国太多，学习日本太少。

在确立"华与华"的道统和事业理论时，我用了"孔孟王道、阳明心学、孙子兵法、德鲁克哲学、熊彼特理论、华与华方法"这样一个序列，这是我自己的中体西用逻辑，也是我写作注解《孙子兵法》、四书和王阳明《传习录》这一套书的原因。

上律天时，下袭水土。这里的律，是法律的律，就是以之为法。袭，是因袭。

君子不敢自专，行事有本有据，合乎自然生态。你看孔子，远宗尧舜之道，近守文王、武王之法，上法天时运行之道，下袭水土自然之理。

原文

辟如天地之无不持载，无不覆帱。辟如四时之错行，如日月之代明。万物并育而不相害，道并行而不相悖。小德川流，大德敦化，此天地之所以为大也。

华杉详解

其巨细精粗，察之由之，无毫发之不尽，自始至终，无顷刻之间断。其大无所不包，辟如那地之广大深厚，无所不载；辟如那天之高大光明，无不覆帱；辟如春夏秋冬，四时错行，一往一来，迭运而不已；辟如太阳月亮，一升一沉，交替光明。

万物一起生长，互不妨害，各得其所。道路同时并行，互不冲突，每个人都可以选择自己的路。

这是如何做到的呢？因为天地有分散的小德，如川水之流，千支万派，脉络分明，无止无息；天地又有总会的大德，为万物之根底，万化之本原，其敦厚盛大，自然生化，无有穷尽。大德为体，小德为用，此正是天地之所以为大者。

君子和而不同，领导者要修那天地总会、生育万物之大德，不要去干预他人，让他的行为符合领导自己的偏好，而是要成就他人，让每个人各得其所，各有发挥。

以上是第三十章。

圣人的五条标准

原文

唯天下至圣，为能聪明睿知，足以有临也；宽裕温柔，足以有容也；发强刚毅，足以有执也；齐庄中正，足以有敬也；文理密察，足以有别也。

华杉详解

圣人是天之笃生，时之间出，五百年才出一个。居上位而临下民，不是凡庸之人能做到的，甚至可能在当世没有一个人符合标准。唯有天下之至圣，方可为焉。

圣人有五条标准：

一、聪明睿知，足以有临。

知，同"智"。临，是居上临下，做领导。

圣人聪无不闻，明无不见，睿无不通，智无不知，高过一世之人，方可居上而临下。

这是生知之质。圣人之品质，首先是天资，必是生而知之，安而行之。如前文所言，如果能做到学知利行、困知勉行，结果也是一样的。但是，唯有生知安行，才能成就圣人。因为只有生知安行，才能不学而能，不勉而中，没成本，没遗漏。否则一不小心，一不警醒，就会出问题。

二、宽裕温柔，足以有容。

这是圣人的仁德，宽广而不狭隘，优裕而不急迫，温和而不惨刻，柔顺而不乖戾，足以容蓄天下，包容万物。

不狭隘，不急迫，不惨刻，不乖戾，宽广为怀，这个我们也可以追求。

三、发强刚毅，足以有执。

这是圣人的义德。仁义之道，上一条是仁，这一条是义。

能奋发而不废弛，强健而不畏缩，刚断而不屈挠，果毅而不间断，则足以操守执持，不为外物所夺。

废弛、畏缩、屈挠、间断，这四条，就是常人不能成事的关键。要么半途而废，要么在困难面前畏缩，要么在压力面前妥协，要么有别的事打岔就间断，总之就是执守不了，坚持不住。而圣人就没这弱点。

四、齐庄中正，足以有敬。

这是圣人的礼德。

斋焉而极其纯一，庄焉而极其庄严，中焉而无少偏倚，正焉而无少邪僻，但凡处己行事，皆足以有敬而无一毫之慢。

圣人没有自慢之病，不会傲慢待人，拒人于千里之外，而是平易近人，让人如沐春风。但是，圣人也不会轻易搞才艺展示，或在年会上男扮女装，和大家打成一片，没个正形，而是始终"足以有敬"。

五、文理密察，足以有别。

这是圣人的智德。

圣人必能作文章，而且章美内蕴，理而脉络中存，密而极其详细，察而极其明辨，于是非邪正，分毫无差，明明白白。

所以圣人如果要作报告，必定讲人话，有内容，无事不清，无理不明，不会用空话、套话、废话来自欺欺人欺世。

我们平时看人作文章，和读过多少书、作过多少文根本没关系，"文理密察"这四个字，就是作文的最高标准。所以老板虽然只有初中毕业，但你写给他的东西，他总能给你改得更精练准确，秘密就在"文理密察"四个字，跟作文课关系不大。

凡此五条圣人的标准，就是生知安行之质，和仁、义、礼、智之德。圣人必先有其质，才有其德。

原文

　　溥博渊泉，而时出之。溥博如天，渊泉如渊。见而民莫不敬，言而民莫不信，行而民莫不悦。

华杉详解

溥博，是广大。渊，是水深处。

这是形容圣人之德，如苍天，如渊泉，其充实积累之盛，如泉水之涌，洋溢于外，广博如天。见于容貌，则百姓都钦敬他。发于言语，他说的话没有一句大家不相信。他推行的政策，百姓也没有不喜悦拥护的。

原文

是以声名洋溢乎中国，施及蛮貊，舟车所至，人力所通，天之所覆，地之所载，日月所照，霜露所队，凡有血气者，莫不尊亲，故曰配天。

华杉详解

声名，是圣德的名声。洋溢，是充满。施，是传播。队，是落下。

圣人之德，充积既极其盛，发见又当其可，于是他的美名充满中华，传播到四方蛮貊之邦，华夷之人，都敬爱他，信赖他，喜欢他。凡是水陆舟车所能通达、人力所能到达的地方，凡是天所覆盖、地所承载、日月所照耀、霜露所降下的地方，凡是有血气而为人类者，没有不尊敬他、亲爱他的。这圣德之广大，足以和天相配，这就叫配天了。

以上是第三十一章。

至诚的生态系统

原文

唯天下至诚，为能经纶天下之大经，立天下之大本，知天地之化育。夫焉有所倚？

华杉详解

经纶，都是治丝之事。经是理其头绪而分之，纶是比其分类而合之。

天下之大经的经，就是常。大经就是伦常，就是五品人伦——君臣、父子、夫妇、兄弟、朋友之伦理。天下之大本，就是所性之全体。化育，是天地所以化生万物的道理。倚，是倚靠。

张居正讲解说，实理之在天下，散于人伦，源于性命，不是那么容易做到尽的。唯有天下至诚之圣人，德极其实，而无一丝一毫之私伪，于君臣、父子、夫妇、兄弟、朋友之伦，都能各尽其道，分别其理而不乱，联合其性而不离，足以为天下后世之法。这就像治丝一般，既能理其绪而分之，又能比其类而合之。所以说经纶天下之大经，于所性中仁义礼智之德，浑然全体，无少亏欠，而凡说应事接物待人，千变万化，其理莫不包括其中。

所谓"一理万殊"，就是一个天理，有千头万绪，而圣人却能做到丝毫不差。这就像种树一样，根本牢固不动，枝叶发生无穷，所以说是立天下之大本。

天下之所生长化育者，皆与至诚之仁义礼智契合无间，故至诚之圣人，能对万物融会贯通，知之洞达而无疑。

所以至诚者"夫焉有所倚"，皆至诚无妄，不会有所偏袒。自然之功用，夫岂有倚著于物而后能哉？不靠大家以为的那些东西。

这一段很本质。我们处理问题，总要判断很多形势，判断很多人的态度。但你往往会判断不清，或判断不准确、判断错误。君臣、父子、夫妇、兄弟、朋友之间的误解层出不穷，这正是因为，判断无非是些个推测，基本上错的多，对的少，判断本身就是误解最大的生成机制。有时你判断别人对自己不好，还会心生报复，其实人家根本没那回事。有时对方对你不太善意，而你至诚待之，他就转而善意了。

所以我们也要学会少去判断推测他人，少去根据对形势或他人的判断行事，更不要一心趋利避害，衡量得失。**一切都在变，而你不要变，那好东西就会向你聚拢了。你只需凭着自己的至诚，凭着良知的大是大非去行，这是何等洒脱！**

可以，这样对吗？不会处理错了吗？不会失败吗？当然会！人生本来就有得有失，你不能追求每一次都得。况且，今日之得，或许会导致明日之失，而今日之失，或许会带来明日之得。把时间单位放长，则得失之观大变。

抛弃得失浅见，唯至诚者，能进入天地之生长化育，能获得整个天地的能量，进入完全不同的生态系统和生长机制，这非趋利避害、患得患失者所知，这样就活在他人的想象之外了。

原文

肫（zhūn）肫其仁！渊渊其渊！浩浩其天！苟不固聪明圣知达天德者，其孰能知之？

华杉详解

肫肫，是恳切之至。肫肫其仁，就是其仁德真挚恳切。

渊渊其渊，就是其性情静深如水。

浩浩其天，就是其浩茫广大如天空一般。

如果不是聪明圣知、通达天德的人，其识见犹滞于凡近，其知又不免于推测，他哪里能明白这些道理啊！

以上是第三十二章。

名气的价值观

原文

《诗》曰："衣锦尚䌹。"恶其文之著也。故君子之道,暗然而日章。小人之道,的然而日亡。

华杉详解

锦,是五彩织成的衣服。䌹,是禅衣。尚,是加。暗然,是韬晦不露。的然,是用意表现。风,是动,凡人行事之得失,都足以感动乎人,所以叫风。自,是由。

前面说到圣人德极其盛,但是,你也不要急急忙忙想要得到那样的声名。所以,这里再讲讲这声名的道理。

《诗经》说"衣锦尚䌹",什么意思呢?就是穿着锦绣的衣服,却在外面套一件朴素的禅衣罩着。这是为什么呢?因为锦衣文采太露,所以要遮盖一下。所谓"古之学者为己,今之学者为人",要为自己而学,而不是为了让别人知道,学者的立心,就当如此。所以君子之为学,专务为己,不求人知,这才是真才实学,真人真心真本事。外面虽然尚䌹,暗然韬晦,但毕竟里面有锦衣,实德、实力都在其中,时间久了,自然不能藏露,所以日渐彰显。

而小人的所谓"学问"呢?出发点就是动人视听,惑人心志,所以专事文饰。外面虽的然表现,但虚伪无实,里面的实德、实力都无法支撑,时间一长,他就撑不住了,所以日见消亡。

君子和小人在名声上的区别主要有三条:

一、君子不骗人,不贪心,不夸大。而小人夸大其实,欺世盗名。

二、君子深藏不露,却日益彰显;小人用意表现,但时间一长就撑不住。

三、君子担心别人对自己期望太高,而小人正要无限拔高对方的期望值,从中渔利。所以君子实胜于名,小人名胜于实。

这第三条至关本质。**实胜于名为善,名胜于实为耻。君子的本事比名声大,小人的名声比本事大。君子时刻注意,不让自己的名声超过本事,**

所以衣锦尚絅，目的正在于此。

原文

　　君子之道，淡而不厌，简而文，温而理。知远之近，知风之自，知微之显。可与入德矣。

华杉详解

君子之道，外虽淡素，但其中自有旨趣，味之而不厌；外虽简略，但其中自有文采，灿然可观；外虽温厚浑伦，但其中自有条理，井然而不乱。

淡、简、温，就是衣锦尚絅的絅。不厌而文且理，就是锦之美在其中。

知远之近，就是知道远处传播的，必从近处发端，在彼之是非，必由于在此之得失，知道自己的一言一行能感人动物。知风之自，就是著乎外者本乎内。知微之显，就是有诸内者形诸外。

这里有三条要注意的：

一是自身的得失，本于我心之邪正。二是隐微的去处，必然到显著的去处。三是念虑既发于中，形迹必露于外。君子对此再明白不过，所以不会去纠结外物，只务正心诚意修身治学，做好自己的一言一行。

这还是修身、齐家、治国、平天下的道理，也是推己及人、由近及远、悦近来远的道理。**儒家思想的原理，来来回回都是这一个道理。**一切都在自身，不在别人，都在内，不在外，所以一切不假外求，只要在自己身上下功夫，这是何等简易，何等洒脱！

原文

　　《诗》云："潜虽伏矣，亦孔之昭！"故君子内省不疚，无恶于志。君子之所不可及者，其唯人之所不见乎。

华杉详解

这是《诗经·小雅·正月》里的一章,意思是,潜藏得虽然很深,但依旧昭然若揭。这里的"孔"是甚、十分的意思。

所谓莫见乎隐,莫显乎微。儒家的一贯思想就是由内而外,推己及人,由近及远,诚意、正心、修身、齐家、治国、平天下。心里至诚,自然不勉而中;心里藏私,也会昭然若揭。

藏是藏不住的,因为欲盖弥彰。君子无所隐藏,因为至诚之心,无需隐藏。那么,君子是如何做到无所隐藏的呢?就是慎独功夫。内省不疚,无恶于志。在自己所独知之地,仔细省察自己,让自己念虑之动,都合乎理,没有一点疚病,方能无愧怍于心。这样才能不勉而中,无论怎么做都不会伤害他人。

人们往往因为想掩饰而欲盖弥彰,而君子却能严于隐微。这样看来,君子让人不可及之处,正在于这些人们看不到的地方。

慎独内省,这道理很简单,可做起来却很难。怎么做呢?儒家也给了我们方法:行有不得,反求诸己。事情遇到阻碍,首先假设是自己错了。别人对我不好,首先假设是我先对不起他。在此假设的前提下,仔细省察,就一定能找到自己不对的地方,这样进步就会很快。

而我们通常的习惯却截然相反,一概认定是对方不对,自己全对。既然我们自认已经是圣人,就没法进步了。

原文

《诗》云:"相在尔室,尚不愧于屋漏。"是故君子不动而敬,不言而信。

华杉详解

这是《诗经·大雅·抑》里的诗句。意思是,看你独自在屋里的时候，能否无愧于屋漏。屋漏，是古代室内西北角设小帐的地方，相传是神明之所在。同时，西北角一般也不怎么待人，也比较少放常用的东西，是屋子里比较深密的去处。而君子对屋漏的深密处，也不怠忽，也常存敬畏，没有一丝愧怍。

这就是戒慎不睹、恐惧不闻的慎独功夫。所以君子的功夫，不待有所动作，便是不动的时节，已经自己敬慎了；不待言语既发，便是不言的时节，已经自己诚信了。

有的人做事情说到做到，这叫言而有信。**而还有一些"不言而信"的人，他什么都没说，就替你做到了，做到之后，他还是什么都不说。你去感谢他，他还跟没事人一样。**

原文

《诗》曰："奏假无言，时靡有争。"是故君子不赏而民劝，不怒而民威于鈇（fū）钺（yuè）。

华杉详解

这是《诗经·商颂·烈祖》的一章。奏假无言的奏，是进，进奉诚心；假，是感格，感通神明。时靡有争，是肃穆无言，没有争执。

主祭者进而感格于神明之际，极其诚敬，不待有言说告诫，但凡在庙之人，皆能化之，自然没有争竞失礼者。可见有此德，就有此化。君子诚敬之德，足以感人。而人之被其德者，不待爵位赏赐，自然兴起感发，乐于为善；不待嗔怒之加，自然畏惧，不敢为恶，有甚于鈇钺之威。

所以教化教化，教不如化。德成而民化，君子唯有专注于慎独修身功夫，才能造于成德之地。

原文

《诗》曰:"不显惟德,百辟其刑之。"是故君子笃恭而天下平。

华杉详解

这是《诗经·周颂·烈文》中的一句话。不显惟德,就是天子有不显之德。不显,是幽深玄远,无有形迹可见。百辟,是天下的诸侯。刑,是法、效法。笃,是厚。恭,是敬。

这是接着上文说,君子不赏不怒而民劝民威,其德虽足以化民,但还没有登峰造极。《诗经》说,天子有幽深玄远之德,无有形迹可见,天下之诸侯,人人向慕而法则之,不仅仅是不赏而劝,不怒而威而已。

有德的君子,由戒慎谨独之功,到收敛退藏之密,其心浑然天理,念念是敬,时时是敬,但见其笃厚深潜,不可窥测,而天下诸侯百姓,自然感慕其德,服从其化,不识不知,而翕然平治。

这君子笃恭而天下平,正是不显之德,中和化育之能事,圣神功化之极致。

儒家的"化育"思想,正是今日企业管理思想之最前沿。企业家成功的思维方式,往往是洞察机会、作出判断、制定战略、统率执行这四步。等到成功之后,企业大了,自己的位置高了,离基层远了,时代和环境都变了,年轻人也多了。这时候最重要的,就是化育之功。你不知道创新在哪里突破,也不知道少年英雄从哪里冒出来,但你可以创造一种化育的文化、化育的环境、化育的机制,把组织分解变小,创造更多独当一面的小小领导人岗位,为未来育才。

企业变革、社会变革、创新、产业升级、互联网思维,都离不开"化育"二字。圣人是什么?圣人就是天下至善的超级孵化器。

原文

《诗》曰:"予怀明德,不大声以色。"子曰:"声色之于以化民,末也。"《诗》曰:"德輶(yóu)如毛。"毛犹有伦。"上天之载,无声无臭。"至矣。

华杉详解

"予怀明德,不大声以色",是《诗经·大雅·皇矣》中的句子,意思是,我眷念文王之明德,深微邃密,而不大著于声色之间。这也是形容不显之德。不大声武气,而自沁人心田。

孔子说,为政有本,若以大声厉色去化民,那是末道,天子要有不显之德。

《诗经》说"德輶如毛",意思是,不显之德,其微妙如毛之轻。但毛虽细微,也还是有一毛在,还不是极致。

而"上天之载,无声无臭",意思是,上天之事,无有声音可听,无有气臭可闻,这才是至微至妙、至高无上的境界呀!

以上是第三十三章,《中庸》全书至此结束。

后　记
五个儒家论

《华杉讲透〈大学中庸〉》出版后，就完成了我写儒家经典注解的计划。《华杉讲透〈论语〉》2016年已经出版，《华杉讲透〈孟子〉》2018年出版，《华杉讲透王阳明〈传习录〉》2019年1月出版，紧接着就是这本《华杉讲透〈大学中庸〉》。

一个企业家，为什么要写儒家思想呢？我把它称为**"儒家思想原理，中国企业文化"**。儒家思想和《孙子兵法》，就是我们的企业战略和企业价值观的文化母体，**找到母体，就活明白了，活洒脱了**，从心所欲不逾矩，遇之左右而逢其缘，志有定向，止于至善。

那么，什么是儒家思想呢？一千个人心中有一千个哈姆雷特，每个人的学习都是选择性的，都只看到自己想要的，只看到自己想赞扬的，或者自己想批判的。

所以，我也不去跟人争什么是"真正的"儒家思想，我只看到自己想要的，我的学习和践行也都是选择性的。我的看法，就是有五个儒家。

我划分的五个儒家是：

一、周朝，孔孟的儒家。

二、汉朝，董仲舒的儒家。

三、宋朝，程朱理学。

四、明朝，阳明心学。

五、清朝，糟蹋儒家。

下面我来一个个讲。

一、周朝，孔孟的儒家

第一个，是孔孟的儒家。就是孔子和孟子的思想。

孔子的思想，如果用一个词概括，就是他自己在《论语》里说的："吾道一以贯之。" 一以贯之的是什么呢？**曾子说："夫子之道，忠恕而已。"** 就是忠恕之道。

忠道，是己欲立而立人，己欲达而达人。你想要的，别人也想要，你想实现的，别人也想成就。**忠道，就是成就他人。**

这是什么啊？是领导力，是最重要的领导力！成功是成就自己，而成功之后，就是成就他人。或者说，在成功之前，你也要时刻想着成就他人。

中国的"忠道公司"，我觉得"海底捞"很典型，所谓"海底捞你学不会"，其实，他们的要点根本不在服务，在我看来，海底捞的核动力就是忠道，他们有一句话："双手改变命运。"那些在乡下没读过几天书，来城市里打工的小孩，可以在海底捞成长为店长、高管，甚至CEO。张勇最关心的事，就是成就他们。我也向海底捞学了忠道的一句话："创意改变命运"，于是成就了华与华的创意人。

所以儒家的"忠"，不是后来说的简单的忠君思想（后来的思想怎么来的，我们后面再说），也不是单方面的下对上的忠。就忠恕之道而言，讲上对下的忠还多些。西点军校讲领导力有一句话："心里始终装着下属的利益,并且有能力让对方知道这一点。"这就是忠道。

所以作为一个企业家,你在大会讲话要大家忠于公司,大家当然是鼓掌拥护的。但这不是关键,关键是你要问自己的内心,你是否忠于台下这一双双热诚的眼睛?

关于下对上的忠,孔子说:"君待臣以礼,臣事君以忠。"

孟子告齐宣王曰:"君之视臣如手足,则臣视君如腹心;君之视臣如犬马,则臣视君如国人;君之视臣如土芥,则臣视君如寇仇。"

孔孟的忠君,是有条件的,是相互的。孟子还有一段狠话:

齐宣王问卿。孟子曰:"王何卿之问也?"王曰:"卿不同乎?"曰:"不同,有贵戚之卿,有异姓之卿。"王曰:"请问贵戚之卿。"曰:"君有大过则谏,反复之而不听,则易位。"王勃然变乎色。曰:"王勿异也。王问臣,臣不敢不以正对。"王色定,然后请问异姓之卿。曰:"君有过则谏,反复之而不听,则去。"

异姓之卿,君有过则谏,不听则去。同姓宗室呢,就有责任"行伊霍之事",给他换换位置了。所以到了明朝,朱元璋当了皇帝,读了《孟子》,大怒说:"非人臣所言!"就要把孟子从文庙撵出去,最后没干成,又命令把《孟子》一书检查删减,出了一本《孟子节文》。

好了,我们知道这个"忠",不只是下对上,关键是上对下,老板要时刻问自己:我对自己的员工忠不忠?

忠,还有一个对客户的忠。《论语》里曾子有著名的三省——吾日三省吾身，为人谋而不忠乎？与朋友交而不信乎？传不习乎？这第一省，为人谋而不忠乎？对于我们今天来讲是什么呀？就是忠于客户。

朱熹说："尽己之心曰忠。"受人之托，忠人之事，就是要尽心尽力。光尽力是不行的，一件事，你说"我尽力了"，就是推脱放弃了，要尽心了才是忠。现在我们老说做事走不走心，这就是忠！

忠恕之道，一以贯之。接着说恕道。

恕，就是己所不欲，勿施于人。**忠是自己想要的，那就知道别人也想要。恕，是自己不想要的，那就知道别人也不想要，就不要加之于人。**所以夫子之道，一以贯之，就是忠恕之道，就是将心比心。

简单吧？太简单了！但是，你要知行合一，在每一件事上去践行，就会发现要做到的话非常难，如果你信奉这一条，就一辈子去做。

曾子不是说"日三省吾身"吗，每天你复盘一下这一天的事，有没有违背忠恕之道，就会惊出一身汗来，违背太多次了！我们不停地在犯错，在伤害他人，能这样自省检查自己，就是"克己复礼"了。

孔子都是讲简单的事，子不语怪力乱神，也不怎么讲高深哲学的性、命、理、心等等，理学、心学，那都是宋朝的事了。孔子讲的就是日用常行、应事接物待人的简单道理。还有呢，就是领导力。

儒家之学，是君子之学。而儒家的君子，有两层含义：一是道德君子，二是在上位的领导者，就是讲领导力法则，这是我学习的角度。

接着说孟子。

孟子的思想，开篇就是义利之辨。

孟子见梁惠王。王曰："叟！不远千里而来，亦将有以利吾国乎？"孟子对曰："王何必曰利？亦有仁义而已矣。王曰'何以利吾国？'大夫曰'何以利吾家？'士庶人曰

'何以利吾身？'上下交征利而国危矣。万乘之国弑其君者，必千乘之家；千乘之国弑其君者，必百乘之家。万取千焉，千取百焉，不为不多矣。苟为后义而先利，不夺不餍。未有仁而遗其亲者也，未有义而后其君者也。王亦曰仁义而已矣，何必曰利？"

梁惠王问："老人家！您不远千里而来，一定能给我的国家带来很大利益吧？"

孟子一句话就顶回去了："大王何必说利益，我这里只有仁义而已！您也只需要仁义，不需要利益。如果大王说'怎样才对我的国家有利'，大夫也会说'怎样才对我的家族有利'，一般士子老百姓也会说'怎样对我自身有利'，上上下下，你想从我这儿取利，我想从你那儿取利，那国家就危险了。

"在拥有一万辆兵车的大国，杀掉国君的，必然是有一千辆兵车的大夫。在拥有一千辆兵车的小国，杀掉国君的，必然是有一百辆兵车的大夫。

"一万辆兵车的国家，那大夫就有一千辆；一千辆兵车的国家，那大夫就有一百辆；这都不算少了吧！但如果先利后义，那大夫不把国君的产业全夺去，他是不会满足的！

"从来没有仁者遗弃他的父母的，也从来没有讲'义'的人却对他的君主怠慢的。大王只讲仁义就行了，为什么要讲利益呢！"

孟子讲的道理，其实非常简单，非常清楚。**你琢磨别人的利，你手下的人也琢磨你的利，你就会拥有一个利欲熏心的团队。你对别人仁义，你手下的人也对你仁义，相互仁义，你就会拥有一个仁义的团队。**

一般人理解不了义利之辨，因为他无法理解，人怎么能不要利呢？当然要利了！至于义，合乎利就要，不合乎利就放弃。

这个思想错在哪里？错在看问题的角度，把要义还是要利，从结果来看了，这是结果导向。他就没有多想一下，你要利，就能得到利吗？如果要利就能得到利，那也太容易了吧？孟子的角度，就是告诉你，如果你一心取利，就会祸起萧墙。

这就是义利之辨。

理解不了义利之辨的人，也理解不了"只问耕耘，不问收获"，这也是孟子的思想，叫"勿忘勿助"。

《孟子》说："必有事焉而勿正，心勿忘，勿助长也，无若宋人然。宋人有闵其苗之不长而揠之者，芒芒然归，谓其人曰：'今日病矣！予助苗长矣。'其子趋而往视之，苗则槁矣。天下之不助苗长者寡矣！以为无益而舍之者，不耘苗者也；助之长者，揠苗者也，非徒无益而又害之。"

必有事焉的事，张居正说就是用功。正，是预期其效，老是在问结果。必有事焉而勿正，朱熹解释说："养气者，必以集义为事，而勿预期其效。"

心勿忘，勿助长也。

必有事焉，时时刻刻都不要忘了自己要做什么，每时、每刻、每事，都只管照既定方针原则去做。滴水穿石，日日不断，不要管什么时候有效果。不要学那拔苗助长的宋人。他担心禾苗不长，就去一棵棵把苗子拔高一些，拔得腰酸背痛，十分疲倦地回家对家人说："今天累坏了！我帮助禾苗生长了。"他的儿子赶紧去一看，禾苗都枯槁了。

这一段话，震铄古今，留下一个成语，我们小时候都学过——拔苗助长。现在也每天都在干拔苗助长的事。

这段话还留下一个成语"勿忘勿助"，有人说这是道家练功的心法，练功嘛，你要照着师父教的去练，不能成天惦记着什么时候练成，这样永远也练不成。这里我们看到，勿忘勿助，是孟子的话，不是道家提出来的。

还有一个词，叫作不要"将迎意必"。你不要老期待着事情的结果一定会怎样，怎么还没成功啊？怎么功夫还没练成啊？怎么我还没赚到钱啊？然后就想怎样能加快，这样就会贪巧求速，拔苗助长，然后就会弯道超车——车翻了。

勿忘勿助，就是"只问耕耘，不问收获"。

很多人也不接受这个思想，怎么能不问收获呢？这跟前面的义利之辨是一个道理，不是你问收获，那收获它就会来。**我们不能结果导向地看问题，而是要因果导向地看问题**。只问耕耘，是因为只有耕耘才有收获，你只管去栽培浇灌。不问收获，不光是因为问收获没用，还因为问收获有害。害处在哪里呢？就在于违背了勿忘勿助，干扰影响了你的耕耘。你一问收获，耕耘的功夫就间断了。你一问收获，就觉得进展太慢了，就要调整，就要拔苗助长，就把事情搞坏了。

这个思想，不仅在个人修养学习上，在企业管理上也是一样，就是结果导向还是因果导向，是管过程还是管结果，是围绕耕耘下功夫，还是围绕收获纠结。

结果导向，就是KPI考核。过程导向，主要是企业文化。我曾经带华与华团队去GE克劳顿管理学院学习交流，负责人跟我们交流说：在GE看一个管理者，不光是看他的业绩如何，更要看他是不是按公司要求的流程去做，有没有群策群力，动员大家的智慧去解决问题。如果没有按流程，没有群策群力，他就算自己搞定了，业绩再好，也不是合格的领导者。

为什么呢？**领导者最大的任务，就是培养新的领导者**，没有群策群力，老板一个人把活儿都干了，儒家思想把这个叫作"自用自专"，团队就没有得到耕耘，未来就不会有收获。一个组织，不能持续地裂变，产生新的领导者，这个组织就不能发展壮大。

老板一个人把事情都搞定了，别人都没参与，对于公司来说也是巨大的风险。哪一天他倒下了，或者离开了，这个团队就垮了。

一个公司，是一个知识体系，一个组织能力。**要把个人的技能，变成公司的技术**。公司的技术发展，技术创新，技术领先，包括业务技术和管理技术。如果公司里各个小能人，八仙过海，各有各的招，最终公司就什么招都没有，没有技术资产积累，没有传承，就不能基业长青。

要管理过程，而不是管理结果。你按公司的要求做了，大概率结果是好的，结果不好也是可以接受的，因为公司也不能将迎意必。要复盘调整，这也是作为一个组织在进步。如果你自己另辟蹊径搞定了，那是偶然的，不但不能成为组织能力，而且带来了组织风险。

人们都喜欢另辟蹊径，觉得那是本事。王阳明就说，那是"断蹊僻径"，路走着走着就断了，不可持续。儒家有"行不由径"之说，不走小路，只走大路。孟子说："天下之不助苗长者寡矣！"孔子也有同样的感慨："这大路上怎么没人走啊？难道人们出门不是从大门出来的吗？门前就是大路啊！路上怎么没人啊？"

大路通向远方，要走大路，那么你只要日日不断，时间到，目标就到。你想加快，另辟蹊径，就会迷路。很多人不都是觉得自己这一行"赚钱太慢"吗？老想换条道，换过一次后，多半会发现更难赚钱，再换一条道，基本上这人就废了。你不要去看新闻里那些"连环创业者"干啥都成！全国14亿人，就那几个，成功概率比买彩票还低。都说"树挪死，人挪活"，错了！现在树挪了能活，人挪多了才会死。

在讲勿忘勿助和不要拔苗助长之前，孟子还讲了一个概念，叫集义而生。我们要集义而生，不要义袭而取。能集义，就能养气，养成"浩然之气"。

孟子说，**浩然之气，是由正义的、经常的、持续的积累所产生的，是不能间断的**。如果间断了，"行有不慊于心，则馁矣"。慊，是快意、满意。行有不慊于心，就是做了一件内心有愧的事。馁，是饥饿乏力，气不充体之状。就泄气了，气势没了。

非义袭而取之也——不是偶然遇上一件大仁大义的事，奋发励志搞一场，像搞突然袭击一样，就能得到浩然之气的。不管你曾经多么大仁大义，一旦做了一件内心有愧的不义之事，这浩然之气，一下子就泄掉了，气馁了。

这样我们就理解了孟子的话："行一不义，杀一无罪，而得天下，仁者不为也。"不管多大利益，哪怕是得天下当皇帝的利益，但要我行一不义之事，杀一无辜之人去得到，我也不做。

真能做到？这么大的利益也不动心？你信不信？

这个，只能自己去体会，别当一句名言，跟着拍案赞叹。要切己体察，事上琢磨，体会体会为什么，想一想自己会不会也那样去做。

朱熹注解说，集义就像积善，就是要自己做的每一件事都合乎道义，一旦做了一件不义之事，因为自己心里知道，心里有亏欠，气就不足了。

集义，就是始终坚持原则，任何时候都不放弃原则，不因为利而放弃义。

普鲁士战略家克劳塞维茨说："制定原则是容易的，难的是始终坚持按原则去做。"我们平时说："这事原则上可以。"意思就是到时候不一定行。"这事原则上是不行的！"就是有门儿，可以突破。有意思吧？大家都知道坚持原则很难，一旦知道什么事是原则，就准备好了放弃原则。所以解读《孙子兵法》，也有人解出"守正出奇"这四个字来。《孙子兵法》里压根儿就没有这四个字，所有兵书里都没有，我也不知道这四个字是什么意思，不过从大家经常说的意思来看，就是平时该怎样就怎样，到了机会来了，就不能按常理出牌。

这样的话，常理就不是常理了，也就不是天理了，不是理了，而是不讲理。

要坚持原则，集义而生，就是始终守着常理。

举一个我自己的例子吧。

华与华是做咨询的，我们的业务态度，就是儒家思想，用之则行，舍之则藏，直道事人，不枉道事人。什么意思呢？我是来行道的，不是来挣钱的，行道是耕耘，挣钱是收获。只问耕耘，不问收获。我按我的观点来为客户做事，客户接受我的观点、我的方案，那就用之则行——你用我，我就行道。那客户不接受呢？就舍之则藏——你不用我的方案，我藏起来就是。这又叫"以道事君，不可则止"，不用就算了，我走。不能枉道事人，意思就是我不能去猜测揣摩老板想要什么，去迎合他，那就没有我的价值，我是在这里骗钱了。

这就是原则。

我们的业务原则是三个"不"，我打在广告上的："不投标，不比稿，不行贿。"这也是儒家思想，孟子说的："夫子之设科也，往者不追，来者不拒。"还有一句话，叫"有来学，无往教"，愿意来学的都是客，但不能你上门去非要教人家，还要手把手地教，人家很烦你，你也没尊严，没价值。

每天打电话来咨询、要求我们去洽谈合作的客人不少，而我们也有原则，一定要客户自己来谈，我们不去。这就是"有来学，无往教"。有人问，你们怎么挑客户？我们不挑客户，来的都是客，来者不拒。但是，无往教，不自己往上贴，就这原则。

有一天，一位客户知道我们的原则，就带着大老板来了，谈了，走了。我们一位负责联络的同事，就跟对方的品牌总监联络："你们考虑得怎么样啊？我们双方合作的几率有几成啊？"

这位同事是新来的，他也知道我们公司有规定，客人来谈了，回去了，是不许跟进的，不要去问别人考虑得怎么样，跌份。但是，他觉得对方是知名企业，高价值客户，这是"守正出奇"，是该出奇的时候了。于是他就积极跟进，并向我汇报跟进的情况。他以为我也惦记着那客户呢！

我跟他说:"我就感觉啊,我正在大街上气宇轩昂地走着,突然屁股上被人扎了一针,我的气漏了,人瘪了,成了一个小瘪三了,就是你扎的呀!"为什么呢?因为人家都知道我们的原则,而且按我们的原则和我们交往,你突然变了,和其他人一样了,这两相对照,你也不过如此,之前的原则都是装的啊!

我们不投标的原则,让我们放弃了好多客户。有一间千亿级的国际公司,职业经理人来了六次,就想跟我们合作,但是,必须经过他们的招投标程序。我们拒绝了三次。对方说:"我们这种公司,你进入我们的供应商目录很难,但一旦进来之后,一切都好办!"

我说:"我不关心这个,你的钱跟我没关系,我把你们这种公司,称为'百万英镑公司'。"

"什么叫百万英镑公司啊?"

"就是马克吐温的《百万英镑》,兜里揣着一张百万英镑的钞票,就到哪儿都可以免费获得别人的服务。我不会参与你们的投标,我希望再用十年时间,让所有千亿万亿公司的董事会都知道华与华是不投标的,买华与华的服务要花钱。买别人服务要花钱,这不是天理吗?"

这是我的集义而生。

但是,我们有的同事想接这些客户啊。这种客户拒绝得多了,有的客户就提出来,你们走过场就行,保证跟你们签约,行不行?我们公司有招投标规定,实在制度流程上突破不了,行不行?

我们有的同事就动心了,来跟我商量。

这是没读过《孟子》。孟子说了:"不动心。"

我说:"什么叫集义而生呢?公司天天讲的。什么叫滴水穿石呢?也是公司天天讲的。每拒绝一个,我在突破他们的招投标制度这块大石头上就滴了一滴,再有十年就都滴穿了,你突然不滴了,这前面不全都白滴了吗?"

他似乎懂了,我又问他:"再过十年也没滴穿,怎么办?"

他坚决地说:"继续滴!"

"还是滴不穿呢?"

他不知道我在给他挖什么坑,就不说话了。

我说:"我只管滴,我不管他穿不穿。我也没有将迎意必,期待着他一定穿,穿不穿是他的事,跟我没关系。这叫只问耕耘,不问收获。**这世界并不围着我们转,做不到、得不到的,我接受失败**。我又不靠他们过日子,我靠接受我的人过日子,愿意来捧着我们的中小企业有的是,我永远做小企业也行。为什么尊重我的人,我不尊重;不尊重我的人,我反而去捧他的臭脚呢?"

这都是孟子的态度,齐宣王我可以不搭理,滕文公我可以尽心服务。再说咱们这儿比齐宣王大个儿的也不是没有,你管他们干啥?我们的责任,主要是让我们的滕文公都成为齐宣王。

这背后的重要观念,还是儒家思想原理——扩充放大。

你是把好的思想原则扩充放大,把我们的价值观扩充放大;还是把坏的思想原则扩充放大,把别人的价值观扩充放大。你今天开始放弃一点点原则去迎合客户,枉道事人,明天就会再放弃一点,最后走到全部放弃。你始终坚持自己的原则,一步都不退让,最终就会集合所有人在你周围,这就是王天下的王道。

"扩充放大"可以说是儒家修身的原理,源自孟子的"四端论"。

> 孟子说:"恻隐之心,仁之端也;羞恶之心,义之端也;辞让之心,礼之端也;是非之心,智之端也。人之有是四端也,犹其有四体也。有是四端而自谓不能者,自贼者也;谓其君不能者,贼其君者也。凡有四端于我者,知皆扩而充之矣,若火之始然,泉之始达。苟能充之,足以保四海;苟不充之,不足以事父母。"

这是孟子著名的"四端论"和扩充放大的原理。端，是萌芽，是头绪，是基础。

一是恻隐之心。人们看见小孩要掉到井里去了，怵惕恻隐之心马上就会出来，这是发之自然，不是人家勉强他的，所以好生恤死，是人之常情，如果可伤可痛的事发生在眼前，他无动于衷，那就不是人。

二是羞恶之心。如果自己做了不好的事，总会觉得羞耻；别人做了不好的事，总会觉得厌恶。此心也是人人皆有，没有就不是人。就算有自己不知道羞耻的，他也知道厌恶别人，那还是有是非观念。如果完全没有羞恶之心，那也不是人。

三是辞让之心。理所当辞让于他人的，都晓得推让。心安理得该拿不该拿都往自己家里搬的，那也不是人。

四是是非之心。什么是善，什么是恶，人人都知道，不知道的就不是人。王阳明举过一个例子，一个贼被抓住了，你骂他是个贼，他也不爱听，没有谁会觉得做贼很光荣。这就是还有是非之心，还有良知。

有一次，王阳明抓住一个强盗，对方不以为耻，反以为荣，似乎没有是非之心了。王阳明跟他讲良知，他却嘲笑王阳明："我是一个强盗，你跟我讲什么良知呢？我没有良知。"王阳明说："天挺热的，把衣服脱了吧！"那贼脱了个赤膊。王阳明接着说："裤子也脱了吧？"

那贼不好意思了，说："这不太好吧？"王阳明说："这就是你的良知。"

恻隐之心，是仁之端，仁的萌芽；羞恶之心，是义之端，义的萌芽；辞让之心，是礼之端，礼的萌芽；是非之心，是智之端，智的萌芽。

仁义礼智，人人身上都有，就像人人都有四肢一样，也都有这四端，这四个萌芽。如果有这四个萌芽，还觉得自己不行的人，那是自暴自弃。如果认为他的君主不行的人，那是暴弃他的君主。所以有这四种萌芽的人，要晓得把他们扩充起来，就像刚刚点燃的火，不可扑灭；就像那刚刚涌出的泉，不可雍塞。发现自己仁义礼智的萌芽，充满以极其量，则仁无所不爱，义无所不宜，礼无所不敬，智无所不知，举四海之大，都在我心中，足以安定天下。如果不充满它，则仁义礼智皆非我所有，就算赡养父母都做不到，还谈什么天下呢？

孟子的"四端论"，就是王阳明"致良知"学说的基础，小孩子要掉到井里的案例，也是王阳明引用得最多的。如何抓住自己的恻隐之心、羞恶之心、辞让之心，是非之心，不断放大自己的仁、义、礼、智呢？孟子和王阳明讲的都是一个心理学原理：**专注就能放大**。专注于仁，就放大了仁；专注于义，就放大了义；专注于礼，就放大了礼；专注于智，就放大了智。**我们平时出的所有问题，都是因为太专注于自己的私心**。这一节要反复体会！该专注的地方，死死抓住；不该专注的地方，不要太专注。

抓住善端，扩充放大，然后由内而外，由近及远，就是儒家的修身心法。成语"星星之火可以燎原""千里之堤毁于蚁穴"，都是扩充放大的原理。刘备说："勿以善小而不为，勿以恶小而为之。"这话人人都熟悉，我觉得，以这句话为座右铭，真正知行合一，切实笃行，就是修身最好的抓手。

以上是孔孟的主要思想。

二、汉朝，董仲舒的儒家

咱们学过中学历史，就知道罢黜百家，独尊儒术，是董仲舒的功劳。董仲舒最大的思想贡献是什么呢？就是"天人感应"和"三纲五常"。他提出了"君权神授"的思想，把神权、君权、父权、夫权贯穿在一起，形成了帝制神学体系，对中国的政治体制产生了巨大而深远的影响。

皇帝是天子，代表天来统治国家，统治得好，天就呈祥瑞来奖励，统治得不好，天就降灾害来惩罚。这就是"君权神授"和"天人感应"。

这个思想，孔孟可没有提出来。特别是孔子，孔子是著名的"知之为知之，不知为不知，是知也"，又有"子不语怪力乱神"之说。搞不清楚的、没见过的东西，孔子是不会编出一套理论来的，他只讲最朴素的思想，日用常行。

三纲五常呢？三纲：君为臣纲，父为子纲，夫为妻纲。五常：仁、义、礼、智、信。

这种说法完全扭曲了孔子"君君、臣臣、父父、子子"之说。 孔子是立足于正理，倡导无论地位高低，都该依正理，尽本份。而董仲舒呢，把它扭曲为"下"无条件地服从于"上"的关系。

我们来看看《论语》里孔子讲的"君君、臣臣、父父、子子"到底是怎么回事。

> 齐景公问政于孔子。孔子对曰："君君、臣臣、父父、子子。"公曰："善哉！信如君不君、臣不臣、父不父、子不子，虽有粟，吾得而食诸？"

齐景公问孔子，要如何治国理政。孔子回答说："君要像君，臣要像臣，父要像父，子要像子。"

孔子这句话，五四运动后被好多人批，说是"维护封建秩序"。这句话呀，一来它很简单，二来它有特定的语境。怎么个简单呢？我们换个说法试试：

问：这大学该怎么搞才好啊？

答：校长要像校长，教授要像教授，老师要像老师，学生要像学生！

是不是很对啊？如果校长不像校长，教授不像教授，老师不像老师，学生不像学生，这大学就病了。

孔子为什么对齐景公说这个呢？这是有针对性的，专门针对齐景公说的，这是"因病发药"。

我们还原一下齐景公的"病情"，看看孔子为什么给他发这个"药"：

齐景公的病，就是君不像君，臣不像臣，父不像父，子不像子。他的故事，或者说破事儿，太多太多了，我们简单点说：

首先他就不像君，晚上高兴了，就跑出去找大臣喝酒，跑到晏婴家敲门："晏婴晏婴！起来喝酒！"晏婴穿好见国君的礼服出来，问："诸侯入侵了？国家出事了？让国君深夜来臣家里？"齐景公说："没事啦！就是找你喝酒！"晏婴说："宫中自然有人负责陪君上喝酒，我不敢陪。"于是就给他吃了闭门羹。

齐景公也不生气，转头去司马穰苴将军家，将军全副武装出迎，问："诸侯入侵了？还是国内叛乱了？让国君深夜来臣家里？"

齐景公说："没事啦！就是找你喝酒！"司马穰苴说："宫中自然有人负责陪君上喝酒，我不敢陪。"又给他吃了闭门羹。

齐景公继续不生气，继续去找大臣梁丘据，梁丘据亲自奏乐，陪他胡吃海喝了一通宵。

这是君不像君。

父不像父呢？齐景公是个双性恋，男宠很多。他自己就长得特别帅。有一次，一个小臣来朝见，大概也是一个同性恋，抬头看了齐景公一眼，就看呆了，直愣愣地盯着看。齐景公大怒，问他为何如此无礼。小臣说："反正不说是死，说了也是死，我就说了吧，您长得太美！"齐景公说："你竟敢对我有非分之想！"于是要杀他。晏婴劝阻说："这也不是死罪，算了吧！"齐景公说："好吧，那让他来负责给我洗澡搓背吧！"你看，他就这个德性。

子不像子呢？齐景公没有嫡子，所以他一直不立太子，到临终时，在庶子中，又废长立幼，给齐国姜氏政权的覆灭埋下祸根。

最后说说这臣不臣。齐景公手下有三种臣，但他以为只有两种。一种是晏婴、司马穰苴这样的超级贤臣，一文一武，安邦定国；另一种就是梁丘据这样的宠臣奸臣弄臣，陪他寻欢作乐。齐景公自己很得意，你看，有人给我安邦定国，又有人陪我喝酒，多好！晏婴批评道："英明的国君，只有良师益友，没有酒肉朋友，景公这样，只能勉强做到不亡国而已。"

他的劣迹是不足以亡国，却足以埋下亡国的祸根。因为他的朝中还有第三种臣——田乞，那是司马懿一类的人物，一直悄悄布局，收买人心，景公死后，政权便落入田乞之手，最终，田氏灭了姜氏，取而代之，齐国姓了田。姜太公的后代，就绝嗣了。

那齐景公是如何回答孔子的呢？齐景公听了很赞同："您说得太对了，如果君不像君，臣不像臣，父不像父，子不像子，就算有粮食，我也吃不着啊！"

齐景公为什么赞同呢？因为他压根没听出来孔子是在批评他君不像君，父不像父，因为他不认为自己不像君父啊。

"如果君不像君，臣不像臣，父不像父，子不像子，就算有粮食，我也吃不着啊！"你听他说话，太生动了！活灵活现！惦记的就是吃，就是自己的富贵享乐，心里根本没有国家安危。

从《论语》这一段，我们看到了孔子和齐景公对话的语境和故事背景。而董仲舒就把"君君、臣臣、父父、子子"这句话从那个语境中抽离出来，放到另一个政治语境中去，建立了他的"三纲五常"学说。

所以说，儒家不是一家，董仲舒的儒家和孔孟的儒家不是一回事。

就像人们常说"学点国学"。我不知道"国学"是什么？为什么要学？诸子百家，价值观都不一样。学习不是晓得些说法，学习就是行动，是为了切实笃行，你到底准备照谁说的做呢？就算是确立了儒学，还有好多不同的人和思想混杂在里面，博学、审问、慎思、明辨、笃行，你一定是按这个次序，辨别清楚，然后切实笃行。如果你自己不准备照书上说的

去做，读书就成了"玩物丧志"。很多朋友看了我的书，希望我写一写《道德经》，我说我写不了，因为我不懂。比如说什么是"道"，我一读《中庸》，"天命之谓性，率性之谓道"，就秒懂了，马上知道该怎么做。可是读《道德经》，"道可道，非常道"，就不知道怎么知行合一。又比如说庄子有智慧，《庄子》有一篇《山木》，庄子行于山中，见大木，枝叶盛茂。伐木者止其旁而不取也。问其故，曰："无所可用。"庄子曰："此木以不材得终其天年。"这"智慧"又怎样呢？你是选择做一棵栋梁之材，还是想长成歪瓜裂枣无所用处呢？我不准备按道家的思想去生活，所以我就不会去写道家的书。

　　董仲舒的思想，主要是超级政治家，不是儒家式的思想家，孔子、孟子，可以说在政治上都很单纯，都是一心要建立一个理想国，不是现实的政治家。而董仲舒就开创了"政治儒家"。所以我对董仲舒的思想无感。

　　不过，在儒家思想体系里面，他的东西也不多，除了"君权神授""天人感应""三纲五常"之外，就没有其他了，你读历代儒家典籍，很少有引用他的注解的。在汉朝学术贡献比较大的经学家是东汉末年的郑玄，历代学者多有引用他的观点。

　　唐朝的时候，佛学兴盛，韩愈感叹儒道之不行，写了一篇《原道》，我们中学语文上学过。他在写儒家的道统时说：

> 尧以是传之舜，舜以是传之禹，禹以是传之汤，汤以是传之文、武、周公，文、武、周公传之孔子，孔子传之孟轲，轲之死，不得其传焉。

　　孔子说他"祖述尧舜，宪章文武"，韩愈讲道统，尧传舜，舜传禹，禹传汤，汤之后是文武周公，周公之后有孔子，孔子之后有孟子，孟子之后就没了。

韩愈没有提到董仲舒。而下一次儒家的兴盛，就要到宋朝了。

三、宋朝，程朱理学

前面说到韩愈的《原道》，说中国的道统，从尧舜禹汤，到文武周公，再到孔孟，孟子死后，就失传了。他当时写这个呢，是针对唐朝佛教兴盛，天下之人都被佛教吸引过去了，儒学没落了。

佛教为什么兴盛呢？因为宗教能回答终极问题：世界是怎么来的，人是怎么来的，人死了之后是怎么回事。总之你的终极疑惑，都给你解答了。

而孔子呢，从来不讲这些，知之为知之，不知为不知，不语怪力乱神，不谈生死。子路问他死是怎么回事，他说："未知生，焉知死？"就把子路给怼回去了。

思想也是一个市场，在思想的市场上，有"消费需求"的东西，而且消费需求很强劲的东西，你没有，别人有，那思想顾客就都到别人那儿去了。这就像算命，算命市场的存在，不在于真有人能算命，而在于有大量的消费需求。在孔子的时代，他没什么竞争。孟子时代呢，就面临墨子和杨朱的竞争，甚至还有告子，所以《孟子》书里有大量论辩，抨击杨、墨、告子的。到了唐朝，佛教可不是杨墨那么简单，而是体系完备，博大精深的，于是就压倒了儒家。韩愈因此发出"原道"的呐喊。

韩愈的呐喊，到宋朝有了回应，从周敦颐的《太极图说》开始，形成了儒家的"创世纪"理论。有部电影叫《无极》，无极这个词，就是周敦颐提出来的世界的本源。

《太极图说》全文一共两百多字，这是儒家的创世纪，理学的纲领性文件：

无极而太极。太极动而生阳，动极而静，静而生阴，静极复动。一动一静，互为其根。分阴分阳，两仪立焉。阳变阴合，而生水火木金土。五气顺布，四时行焉。五行一阴阳也，阴阳一太极也，太极本无极也。

五行之生也，各一其性。无极之真，二五之精，妙合而凝。乾道成男，坤道成女。二气交感，化生万物。万物生生而变化无穷焉。

唯人也得其秀而最灵。形既生矣，神发知矣。五性感动而善恶分，万事出矣。圣人定之以中正仁义而主静，立人极焉。

故圣人"与天地合其德，日月合其明，四时合其序，鬼神合其吉凶"，君子修之吉，小人悖之凶。故曰："立天之道，曰阴与阳。立地之道，曰柔与刚。立人之道，曰仁与义。"又曰："原始反终，故知死生之说。"大哉易也，斯其至矣！

这个解起来太复杂，而且还容易起争论，毕竟是争论了一千年还达不成一致的。我就不一字一句地翻译白话文了，因为这也不是我的学习重点。简单地说，这是融合了阴阳五行、道家和佛教思想的，杂糅的儒学创世纪。这些思想是孔孟没有、也不曾思考过的问题，可以说是儒学在宋朝的新发展。

周敦颐搞了这个儒家的创世纪，但并没有推出一个儒家的上帝，而是突出了人，"唯人也得其秀而最灵……圣人定之以中正仁义而主静，立人极焉。"人是万物之灵，圣人又是人中之灵，圣人就是儒家的神。圣人的神道呢，"立天之道，曰阴与阳。立地之道，曰柔与刚。立人之道，曰仁与义。"仁义就是神道。

绕了一圈，其他都不是关键，树立圣人的仁义才是目的。

那么我们又回来了。也不用再去纠结儒家的创世纪，还是回到圣人之学，仁义之道。周敦颐也没有解释死后有天堂还是地狱，这还是夭寿不二、修身俟命的思想。

理学的最后总结集大成者，是朱熹。朱熹的成就，是《四书章句集注》。概括说，**学习理学，就是学朱熹。学朱熹，就是学《四书章句集注》。**

四书，是《大学》《论语》《孟子》《中庸》这四本书，朱熹注解了《论语》和《孟子》，又从《礼记》中抽出《大学》和《中庸》两篇，合称"四书"，并写了《四书章句集注》，这是儒家思想的经典。我写的这个"讲透四书"系列，就是以朱熹的《四书章句集注》为标准，再结合张居正给小皇帝讲课的四书讲义。而张居正的讲义，也是以朱熹的集注为准的，只是给小孩子讲，讲得更浅显易懂，所以对我们非常有价值。除了这两位老师外，我还结合了清代的训诂大师，一是写《论语正义》的刘宝楠，二是写《孟子正义》的焦循，这样就确保我们学习理解的准确性。当然，还有学习态度——博学、审问、慎思、明辨、笃行，不要道听途说，也不要擅自发挥添加。

《大学》相传是曾子所作。《中庸》相传是子思所作。而孟子是子思门人的弟子，相当于是子思的再传弟子。韩愈在《原道》里说，儒学的道统到孟子就断绝了。那么，到朱熹的《四书章句集注》，就是承前启后，重新整理，重新确立了道统。

程朱理学，朱是朱熹，程是程颢、程颐两兄弟。朱熹说《四书章句集注》是根据二程的讲解整理的，尊二程为师。所以后世叫程朱理学。

《论语》和《孟子》前面在讲孔孟的儒家时讲过了，这里我们补充讲讲《大学》和《中庸》。

《大学》是儒学入门的第一本书，开篇就讲三纲八目，确立纲目。三纲，是明明德、亲民、止于至善。八目，是格物、致知、诚意、正心、修身、齐家、治国、平天下，一共八条。

这八条目里面，修身、齐家、治国、平天下，全中国人人都知道这句话，格物致知呢，知名度也接近百分之百。但是，中间还有一个诚意正心，就很少有人知道了。而这八条目是递进的，一环扣一环的，少一环就断片了。

修身、齐家、治国、平天下的原理，用西方的社会学原理来说，就是"模仿律"，《模仿律》是法国著名哲学家、心理学家、社会学家、法学家加布里埃尔·塔尔德的经典名著，提出**一切社会行为都是人与人之间的相互模仿。他说，模仿总是在下位的人去模仿在上位的人，而且模仿一旦开始，就成几何级数放大。**

这不就是儒家的扩充放大、风行草偃、率先垂范、上行下效、一人定国的原理吗？

修齐治平就是模仿律。认识这个基本原理，我们就知道，管理主要是管自己，把自己管住了，整个团队就都管住了。行有不得，反求诸己，一切都在自己身上求，一切都先要求自己！

怎么能做到要求自己呢？就靠诚意正心。

所以，没有诚意正心，一切都是空，断片了，连不起来。

诚，就是修身的基础。

《大学》里面还有两个重要思想，在下面这句话里面：

知止而后有定，定而后能静，静而后能安，安而后能虑，虑而后能得。物有本末，事有终始。知所先后，则近道矣。

这句话里，有两个重要思想，一是止定静安虑得。你首先要知止，止于至善，然后你才能定，定什么呢？志有定向。志有定向之后，心就静了，就安了，就能考虑事儿了，就能有所得了。

咱们很多人不理解知止，什么叫止于至善呢？从志有定向就能理解了。**知止，就是不往边上跑，只在自己的志向上永无止境。**

孔子说"三十而立",一般被误解为自立不啃老,错!这个三十而立,还是立志的立,前面还有一句"吾十有五而志于学",十五岁立志学习,到三十岁才把这个志向立住了,不变了。

志有定向,对于公司来说,就是有明确的经营使命。柯林斯写《基业长青》,他说,基业长青的公司,都是有使命的公司。

儒家说:学习第一是立志。

知识焦虑,也是因为没有志向,不断有新知识冒出来,怕自己跟不上,被时代抛弃,于是就焦虑了。如果志有定向,知道自己要干啥,也知道自己在自己的领域里,处在哪个位置,并且有明确的学习计划,这样就不会焦虑了。

学习也要知止。上学时咱们教室里都挂着标语:"学海无涯苦作舟。"其实这句标语漏了一个可怕的后半句,庄子的原文是:"吾生也有涯,而知也无涯,以有涯随无涯,殆已。"学海无涯,但是人生有涯,以有涯的人生去追求无涯的知识,那就把自己给挂掉了。

第二个重要思想是:物有本末,事有终始。知所先后,则近道矣。

知所先后,则近道矣。这句话太深刻了!要随时能分清谁先谁后。为什么要只问耕耘,不问收获?因为耕耘在先,收获在后!

能知行合一,每件事分清本末先后,就不会舍本逐末。

读者当熟玩焉。

接着说《中庸》。

圣学不传,误解甚多。人们对《中庸》的误解在哪儿呢?就是把"中"误解成了中不溜,把"庸"误解成了平庸。

那么,什么是中庸呢?程颐说:"不偏之谓中,不易之谓庸。中者,天下之正道;庸者,天下之定理。"所以,**中庸之道,就是追求极致完美,一点都不出差错,无过不及,恰到好处。**这就是遵循永恒不变的定理,可为万世垂范。

我讲中庸，喜欢用美人来讲，方便大家理解记忆。《登徒子好色赋》说那美人"增之一分则太长，减之一分则太短"，还有《金瓶梅》里说"增一分则太肥，减一分则太瘦"，这不是"中等身材"，而是"中庸身材"，是魔鬼身材，是精一不二的身材。

所以孔子说："中庸不可能也！"没有人能做到，孔子也做不到。做不到，说它做什么呢？知道有这个标准，知道自己没做到，所以时刻警醒，努力去做。圣人就是因为觉得自己总是在犯错，才成为圣人；小人就是因为觉得自己一贯正确，才成为小人。

中庸，就像数学上的一个极限值，你可以无限趋近，但是永远不可能达到。

《中庸》通篇，就讲一个"诚"字，讲"天下之至诚"。这就是《大学》的诚意正心。

> 唯天下至诚为能尽其性。能尽其性，则能尽人之性。能尽人之性，则能尽物之性。能尽物之性，则可以赞天地之化育。可以赞天地之化育，则可以与天地参矣。

什么是"性"？《中庸》第一句："天命之谓性，率性之谓道。"这是定义。

性，可以说是天性，于人是良知良能的人性，于物是物理性质、化学性质的性质，是天性、天理之必然。率性而为呢，不是任性，是合乎天理、天性。最终达到尽性，天理无不尽其理，自己的潜能也无不尽其性。所以这里的性，也有性能的意思。

尽性靠诚，所以《中庸》说，唯天下之至诚能尽其性，能尽人之性，能尽天下万物之性。

诚就是尽心。孟子曰："尽其心者，知其性也。知其性，则知天矣。"你尽心尽力地去做，就能知性，能尽性，能充分发挥自己，不为外物所移，不为私意所蔽。作为领导者，能知团队所有人之性，让团队所有人都尽性，都能充分发挥出来。作为国家领导人，能知全国人民之性，让全国人民都尽性，都得到充分发挥。还能知山川河流、一草一木、飞禽走兽、土壤空气之性，让天下万物都尽性，都处在最佳状态，得到最好的发挥，如此则可赞天地之化育，与天地并列为三，这就是超级圣人！所以知性就知天，无所不知。

学程朱理学，学四书，我们学什么呢？**就是从《大学》的诚意正心，到《中庸》的至诚无息，就学一个"诚"字，掌握"诚"的基本原理和底层逻辑，切实笃行。**

四、明朝，阳明心学

第四个儒家，是王阳明的心学，因为之前还有一个陆九渊，所以也叫陆王心学。心学的开创者，可以说是陆九渊，但是在王阳明这里集大成。

陆九渊提出了"心即理"，"宇宙便是吾心，吾心便是宇宙。"他气魄大得很，读书读到宇宙的解释："四方上下曰宇，往古来今曰宙"，提笔就写下："宇宙内事乃己分内事，己分内事乃宇宙内事。"他还有一首对自己评价的诗："仰首攀南斗，翻身倚北辰。举头天外望，无我这般人。"就这气魄。

不过，我最喜欢的他的一句话是：

我在那无事时，只是一个无知无能的人。到那有事时，我便是一个无所不知、无所不能的人。

这句话很好地诠释了孟子提出的良知良能。良知，是生而知之；良能，是不学而能。那事情没来，他和我无关，我不起反应，无知无能；那事情来了，我心如明镜，照得它了了分明，我自然知道怎么去做。

良知良能，就是靠常识判断，靠常识做事。常，就是庸，是不变之定理，也是一种中庸之道。

我对这句话有体会。因为我的工作是咨询业，随时面对不同的行业、不同的课题，他来之前，我对他的行业一无所知，他来之后，我就必须无所不能。

那来的客户，今天是餐饮业，明天是床上用品，后天是房地产、互联网，还有化肥、酱油、美容院、冰淇淋奶茶、电竞……什么行业都有。你如何了解他的业务呢？唯有你自己永恒不变的良知良能，能遇之左右而逢其缘。否则，就流于支离破碎。

王阳明能读书，能治学，能从政，能打仗，就是靠这良知良能，无所不能。

王阳明的思想"致良知"有两层含义，一层是道德上的致良知，一层是事功上的致良能。**心学的根在孟子，王阳明说他是梦见孟子，才在梦中顿悟"致良知"之说。**

致良知的根在哪里呢？一是孟子提出的良知良能，二是孟子的四端论。四端论，是良知论，也是扩充论。四端就是良知，存养、扩充、放大四端，就是致良知。王阳明每次讲良知，都会引用孟子说的水井边的小孩这个故事。

良能呢，就是不学而能，靠常识。

怎么靠常识？我的观点是"两个拽紧"。一是始终拽紧出发的初心、本谋；二是始终拽紧最终目的。**始终服务于最终目的，随时回到原点思考。**我们解决问题，为什么会跑偏？就是因为忘了最终目的，也忘了出发的初心本谋，老在中间飘。

除了致良知、良知良能，王阳明的第二个伟大思想，就是知行合一。

知行合一这四个字，人人都"知道"，但并不是真知，因为没有知行合一。

什么是知行合一呢？王阳明喜欢用"孝"来举例，他问弟子们：孝敬父母知道吧？弟子都点头说知道。王阳明说，你们不知道，你们只是知道孝敬父母这个说法，但不是真知道，你要去做了，才是真知道。你怎么做，父母就有什么样的反馈，你做了多少，就知道多少，每个人知道的孝都不一样！这就是知行合一。就像你知道盐是咸的，糖是甜的，但要尝过才知道什么是咸，什么是甜。就像老虎吃人很可怕，人人都知道，但只有那曾经虎口脱生的人，那浑身发抖、心有余悸的人，才真知道老虎吃人是怎么个可怕。

这知行合一，就要运用在我们工作生活的每一件事情上，王阳明说，要事上磨练！这就是博学、审问、慎思、明辨、笃行，最后一定是笃行，**没有笃行，就是0**。

这就是学习学啊！德鲁克说，当今知识社会，人人都要学习，要终身学习，但是，却没有一门《学习学》。我觉得，**儒家思想，从理学到心学，就是最好的学习学**。

心学和理学是什么关系呢？鹅湖之辩中，陆九渊和朱熹谁也不服谁，王阳明读《四书章句集注》，也说朱熹好多地方错。我觉得啊，心学是理学的一部分，朱熹是老师，王阳明是班里最聪明最优秀的学生。所以对一些王阳明对朱熹的批评，我们不必去为两位老师辨什么对错，两边都学习体会就是了。

五、清朝，糟蹋儒家

五个儒家论，从孔孟、董仲舒、程朱、王阳明讲下来，现在讲到第五个，就是那些"儒家的封建糟粕"。这些"糟粕"有什么呢？比如"二十四孝"。

孔子不是讲孝吗？可是现在一讲孝，人们就想到"二十四孝"，每次要宣传孝,街道办就把"二十四孝"喷绘在一条街的宣传栏。这"二十四孝"是个什么东西呢?

比如郭巨埋儿,郭巨家里穷,吃不上饭,为了不把母亲饿着,他就和妻子商量,把儿子活埋了,少一张嘴,省出口粮给母亲吃。郭巨真是大孝子啊!他妻子也是大孝媳妇,两人就一块儿去要把儿子活埋了。于是又号召大家向他们学习。在这"孝文化"下,看来除了父母是人,不仅媳妇不是人,儿子也是可以随时牺牲的。这孙子,就成了奶奶的人血馒头。

比如卧冰求鲤,王祥是个大孝子,他母亲去世了,继母对他不好,总向父亲说他的坏话,害得父亲也对他不好了。但王祥还是孝,不仅孝敬父亲,而且孝敬继母。继母想吃鱼,他就去钓鱼,但是河水结冰了砸不开,他就脱光了衣服趴在冰面上,想用体温把冰融化,然后抓鱼给继母吃。他的智商就不讨论了,还是号召向他学习。

比如老莱娱亲,老莱子七十岁还在父母面前穿花衣服,学小儿哭啼,父母看了就很开心!老莱的父母什么趣味也不讨论了,还是号召大家向他学习!

鲁迅在《朝花夕拾》一书里,专门写过一篇《二十四孝图》,说他小时候,一个长辈"儒者",送了他一本儿童读物《二十四孝图》,把他看傻了,他说:

> 到"卧冰求鲤",可就有性命之虞了。我乡的天气是温和的,严冬中,水面也只结一层薄冰,即使孩子的重量怎样小,躺上去,也一定哗喇一声,冰破落水,鲤鱼还不及游过来。
>
> 玩着"摇咕咚"的郭巨的儿子,却实在值得同情。他被抱在他母亲的臂膊上,高高兴兴地笑着;他的父亲却正在掘窟窿,要将他埋掉了。说明云,"汉郭巨家贫,有子三

岁，母尝减食与之。巨谓妻曰，贫乏不能供母，子又分母之食。盍埋此子？"

其中最使我不解，甚至于发生反感的，是"老莱娱亲"和"郭巨埋儿"两件事。我请人讲完了二十四个故事之后，才知道"孝"有如此之难，对于先前痴心妄想，想做孝子的计划，完全绝望了。

鲁迅小时候受的"儒家思想"孝文化的教育，竟然就是"二十四孝"。

那么，孝文化的奠基者孔子，是怎么讲孝的呢？我们说两条，孝的最低标准和最高标准。先声明这"最低"和"最高"，是我根据自己的践行体会的一家之言，不是"标准答案"，你可以有自己的答案，因为知行合一嘛，你做了才有答案。

最低标准，出自《论语》：

孟武伯问孝，子曰："父母唯其疾之忧。"

什么是孝呢？你什么都不用做，也不用为父母奉献任何东西，只要别让父母替你操心、忧心就行了！恭喜你！你已经是大孝子了！在不操心的标准上，还给你一个豁免条款，因为你是人，不是神，是人就要生病，你生病的时候，父母总是要忧心的。这属于不可抗力，因为自己生病让父母忧心，不算不孝。除此之外，上学不用让父母担心你不努力学习，不用操心你考不上大学，毕业不用父母操心你找不到工作，工作后不用父母操心你找不到媳妇，不用操心你买不起房子。**总之啥都不用父母操心，你就是大孝子！**

因为什么都不用你做，所以我说这是"最低标准"。但是，这个最低标准，有谁敢举手说他做到了呢？没做到吧？没做到，才要去做嘛！这就是孝。

最高标准，是《论语》中的另一句话：

> 子夏问孝。子曰："色难。有事，弟子服其劳；有酒食，先生馔，曾是以为孝乎？

色难，最难是脸色。永远保持和颜悦色，不给父母脸色看，最难！有事的时候，年轻人抢着干，不让老人操劳。有酒食，先为长者陈设奉上，让长者先吃。难道这就算孝了吗？这不算。事亲的时候，最难的是始终保持愉悦和婉的容色，没有一丝一毫的厌烦和"礼敬疲劳"，没有"累觉不爱"，那才是最难的！

《礼记·祭义篇》说："孝子之有深爱者必有和气，有和气者必有愉色，有愉色者必有婉容。"正可做这一条的注脚。

王阳明不是说了吗，什么是孝，你要去做了才晓得。你做到哪，就晓得到哪。那《论语》里一条条都写得很清楚，你去照着做嘛！干嘛搞出个"二十四孝"来呢？那"二十四孝"里的故事，哪一个你能照着做？

这就是关键，搞出"二十四孝"的，就是最不孝的人，因为他根本没有孝过，不去做，就没体会，没责任，随口胡说，反正是号召别人。

对于这种毛病，儒家也讲得很清楚，叫"索隐行怪"，又叫"舍其易者而不为，究其难者以为学"。简单的事不去做，就要搞出点高远的。还有一条"己所不欲勿施于人"，你不会把自己儿子活埋，就不能宣传号召别人去活埋儿子；你自己不会卧冰求鲤，就不要宣传卧冰求鲤。

子曰："谁能出不由户，何莫由斯道也？"想象一下这个场景，一间房子，门前正对着一条大道，大道上空无一人，孔子站在门口，很奇怪的自言自语："谁能不经过屋门就出去呢？为什么这平坦通达的大道没人走呢？这屋里的人从哪儿出去的？都走到哪条道上去了呢？"

这就是实际情况，人们世世代代都这样，不走大门大道，非要翻窗、翻墙找小道，孔子以为的怪事，到今天也见怪不怪了。孔子做梦也想不到，他所倡导的孝道，最后会被糟蹋出一个"二十四孝"的人血馒头来。

"二十四孝"不是儒家思想，所以也不是儒家的"糟粕"，而是糟蹋，是糟蹋儒家。鲁迅抨击的孝道，不是孔孟的孝道，他是听了歪嘴和尚念的经，就把经给否了。

第二个例子，我们来讲讲这个"君叫臣死，臣不得不死"。

这没天理啊！叫一个人死，总得是他犯了死罪，怎么能无需任何理由，就叫人死呢？这是不是儒家思想？这话到底哪里来的？翻遍儒家经典，你找不到这句话。而孔孟的君臣观，是非常清楚明白的。

孔子说："君使臣以礼，臣事君以忠。"**君臣关系是相互的，君若不尊重臣，则臣大可不必效忠于君。**孔子又说："所谓大臣者，以道事君，不可则止。"**君主虽然尊贵，却必须接受"道"的约束。**如果君主的行事违背了"道"，臣也可以解除君臣关系，辞职了。

孟子的思想比孔子还要激进一些，他说，异姓之卿，"君有过则谏，反覆之而不听，则去"；贵戚之卿，"君有大过则谏，反覆之而不听，则易位"。意思是说，如果君不君，则臣可提出批评；如果君不听，则异姓之卿可自行解除君臣关系，贵戚之卿更是可废掉君主，另立新君。孟子又说，"君之视臣如手足，则臣视君如腹心；君之视臣如犬马，则臣视君如国人；君之视臣如土芥，则臣视君如寇仇"。

> 齐宣王问曰："汤放桀，武王伐纣，有诸？"孟子对曰："于传有之。"曰："臣弑其君可乎？"曰："贼仁者谓之贼，贼义者谓之残，残贼之人，谓之一夫。闻诛一夫纣矣，未闻弑君也。"

独夫民贼这个词，就是这么来的。如果昏君无道，同姓贵戚可以"行伊霍之事"，废掉暴君，另立新君。如果王族自己解决不了，天下就揭竿而起，可以革命。

显然孔孟没有"君叫臣死，臣不得不死"这个说法，这个是典型的法家思想。学者吴钩专门研究过这句话到底怎么来的。他说，在先秦，提出臣要绝对效忠于君的是法家，韩非子说："臣闻：不知而言，不智；知而不言，不忠。为人臣不忠，当死；言而不当，亦当死。"此话大概便是"君叫臣死，臣不得不死"的思想源头。

那么，"君叫臣死，臣不得不死"这话的出处在哪里呢？都在明清小说戏剧里。那么，这也是糟蹋儒家了。吴钩找到了以下一大堆出处：

【明】吴承恩《西游记》：八戒道："师父，你是怎的起哩？专把别人棺材抬在自家家里哭。不要烦恼！常言道：'君教臣死，臣不死不忠；父教子亡，子不亡不孝。'他伤的是他的子民，与你何干！"

【明】诸圣邻《秦王逸史》：秦王说："哪有此理！古语云，君要臣死，臣若不死为不忠；父要子亡，子若不亡为不孝！你众官替我世民做一个明辅就罢了。取酒过来！"

【明】陈仲琳《封神演义》：文王听而不悦曰："天子乃万国之元首，纵有过，臣且不敢言，倘敢正君之过；父有失，子亦不敢语，况敢正父之失。所以君叫臣死，不敢不死；父叫子亡，不敢不亡。为人臣子者，先以忠孝为首，而敢以直忤君父哉？"

【明清】《靖江宝卷》：鲍青转而一想："我如果带兵造反，要拿我忠良名声坏啦得，这叫'君要臣死，臣不得不死,父要子亡,子哪能不亡'。罢了,罢了,我不如学学宋朝岳飞岳元帅,修修我格忠臣好名声。"

【清】李渔《无声戏》:百顺听到此处,不觉改颜变色,合起掌来念一声阿弥陀佛道:"诸公讲的什么话,自古道:'君欲臣死,臣不得不死;父欲子亡,子不得不亡。'岂有做奴仆之人与家主相抗之理?"

【清】陈端生《再生缘》:"咳!芝田呀,你可晓得'君叫臣死臣不得不死'?那时候若然威逼起来,哪怕你上天入地!死时殉节活时从,两件事,难脱君王掌握中。"

【清】《呼家将》:千岁道:"古云:'君要臣死。不得不死;父要子亡,不得不亡。'俺呼家将历受国恩,袭叨帝荫。"

【清】钱彩《说岳全传》:岳爷道:"贤弟休如此说!自古道'君要臣死,臣不敢不死'。你我已经食过君禄,况为人在世,须要烈烈轰轰做一番事业,显祖扬名。"

【清】如莲居士《薛丁山征西》:薛丁山说:"今朝廷不来捉拿,是为幸也。今来钦召,国恩难报,君要臣死,不死不忠。"

【清】许啸天《唐代宫廷艳史》:建宁王慨然对太子说道:"从来说的,君要臣死,臣不得不死;父要子亡,子不得不亡。如今依哥哥的话,人子获罪于父,不得骨肉的原谅,便活在世上,也毫无趣味。俺便回家去候死罢了!"

【清】雪樵主人《双凤奇缘》:昭君见文龙推却不去,柳眉直竖,杏眼圆睁,喝声:"文龙,你太无礼!常言:'君要臣死,臣不死乃为不忠。'岂容你贪恋妻子,胆敢抗旨以违君命么？"

【清】张杰鑫《三侠剑》：伍子胥之兄名尚，兄弟二人接书，伍子胥问其兄如何，其兄云："父叫子死，子不死为不孝；君叫臣死，臣不死为不忠。吾将赴父之召，以全孝道。"

【清】蔡东藩《清史演义》：吴三桂道："休得乱言！俗语说道：'君要臣死，不得不死。'只我前半生是明朝臣子，为了闯贼作乱，借兵清朝，报了君父大仇。你尚知有君父么？"

吴钩说：

可以看出来，"君要臣死，臣不得不死"这句话最早出现在明代小说中，而在清代小说与戏曲中更为常见。小说作者提到"君要臣死，臣不得不死"时，前面通常还冠以"常言道""古语云""自古道""俗话说"之类的前缀，表明它可能是明清时期流行于民间的一句俗语。至于到底是什么时候开始有了这句俗语，已不可考，但可以肯定，此语的流行，应该跟明清两代皇权专制的高涨、愚忠思想的渗透有关。

五个儒家论如上。

我学习什么样的儒家呢？应该说，就是学习孔孟、程朱、王阳明这三个。学什么呢？主要是学"学习学"，学自修，学领导力，学经营的王道。模仿孔子的"祖述尧舜，宪章文武"，我也给华与华的事业理论立了一个道统：

孔孟王道、阳明心学、孙子兵法、德鲁克哲学、熊彼特理论、华与华方法、持续改善。

人应该怎样学习和进步，就是学习学。儒家的学习学，就是博学、审问、慎思、明辨、笃行，知行合一，下日日不断之功，滴水穿石。写作这一系列丛书的过程，就是日日不断、滴水穿石的过程，前后日日不断差不多四年，希望还能继续日日不断四十年。

学修身，就是行有不得，反求诸己，日三省吾身，日日改过，不二过。几句话就说完了。但是，知行合一，每做一天体会都不一样，惟精惟一，苟日新，日日新，又日新。

学领导力，就是格物、致知、诚意、正心、修身、齐家、治国、平天下，率先垂范；就是忠恕之道，己欲立而立人，己欲达而达人，成就他人；就是至诚无息，唯天下之至诚，能尽其性，能尽人之性，能尽天下万物之性，则可赞天地之化育，厚德载物，化育天下。

学经营的王道，就是一切向内求，凡事彻底，滴水穿石，扩充放大，由内而外，由近及远，近悦远来。不为利欲所牵，不为外物所移，一心不二，致良知良能，而吞吐天下，穷极四海，包藏宇宙，无所不能。

不关心董仲舒的儒家，也不关心太极无极宇宙起源，因为学习在于切己体察，事上琢磨，在于日用常行，应事接物待人。跟日用常行，跟自己的角色工作生活没关系的，一律不关心。

不理会糟蹋儒家，那是典型的"包藏祸心，以惑下愚"。

也不去搞什么新儒家，比如揪住一句孟子的"民为贵，君为轻"，就讨论孟子的"民本思想"，进而去演绎"儒家的民主思想"，添枝加叶，扬短避长。

学习不是为了"搞学问"，更不是为了开创一个新儒家、新学问，而是为了自己，是为了修正自己的行为，学习即行动，这就是我的学习学。

古之学者为己，今之学者为人。我们要为自己而学。最后，我也想向那些要孩子"学点国学"的家长说一句，不要强迫孩子去学，你自己愿意学，就自己学。如果自己都不学，己所不欲，勿施于人，就不要强迫孩子学。这就是儒家精神了。

马上扫二维码，关注"**熊猫君**"

和千万读者一起成长吧！